电商创业

主　编　那　淼　商松岩
副主编　韩　冰

北京邮电大学出版社
www.buptpress.com

内 容 简 介

本书从"市场与机会""决策机会""市场定位""团队与计划""开始创业""熟悉平台""淘宝店铺""筛选商品""店铺推广""外包市场环境分析""定制外包服务""网络营销"12个项目对电商创业进行了系统的阐述和实例解析。通过对本书的学习，学生可以了解零基础建立网上创业项目的系统过程，运用创业思维进行项目或网店的运作，并在项目的实践过程中不断地提升自身的创业素质，建立独特的服务意识，提高综合管理能力，找到更适合自己的发展方向。

本书适合作为职业学校电子商务、市场营销、电子信息、计算机网络应用、信息管理、工商管理专业或相关专业的教材，也可供初级电子商务人员、网络营销人员、企业经理、营销管理人员培训学习使用。

图书在版编目（CIP）数据

电商创业 / 那淼，商松岩主编． -- 北京：北京邮电大学出版社，2022.12（2023.9重印）
ISBN 978-7-5635-6811-6

Ⅰ．①电⋯　Ⅱ．①那⋯②商⋯　Ⅲ．①电子商务—创业　Ⅳ．①F713.36

中国版本图书馆 CIP 数据核字（2022）第 222292 号

策划编辑：张向杰　　责任编辑：孙宏颖　　责任校对：张会良　　封面设计：七星博纳

出版发行：北京邮电大学出版社
社　　址：北京市海淀区西土城路 10 号
邮政编码：100876
发 行 部：电话：010-62282185　传真：010-62283578
E-mail：publish@bupt.edu.cn
经　　销：各地新华书店
印　　刷：唐山玺诚印务有限公司
开　　本：787 mm×1 092 mm　1/16
印　　张：9
字　　数：222 千字
版　　次：2022 年 12 月第 1 版
印　　次：2023 年 9 月第 5 次印刷

ISBN 978-7-5635-6811-6　　　　　　　　　　　　　　定价：26.00 元

· 如有印装质量问题，请与北京邮电大学出版社发行部联系 ·

前　　言

据统计，2002—2016 年，我国高校毕业生从每年 145 万人增长到 765 万人，每年以 30% 以上的速度递增。2016 年高校毕业生为 765 万人，较 2015 年增加了 16 万人，中职毕业生和初高中毕业以后不再继续求学的学生大约也是这个数量，青年就业群体加在一起大约有 1 500 万人。在严峻的就业形势下，创业成为一种新的趋势。

教育部 2014 年 12 月 10 日公布的《关于做好 2015 年全国普通高等学校毕业生就业创业工作的通知》指出，即日起将全面推进创新创业教育和自主创业工作，其中包括"高校要建立弹性学制，允许在校学生休学创业"。在现今社会经济不断发展，而就业形势却不容乐观的情况下，大学生创业成了新兴现象。而网上创业因形式多样、创业成本低等优势，成为学生创业的首选。

本书不仅可以让学生有效结合所学课程进行创业尝试，还可以使学生通过实际项目操作获得实操经验，非常适合学生学习。本书就创业基础、网上创业项目、网络营销、管理等方面的内容，对以下几个方面进行重点介绍。

① 电商创业，打好基础：分析创业环境，寻找创业机会，分析创业素质，树立创业思维。
② 熟悉产品，找好方向：选择网上创业的商品，创业项目分析。
③ 创业方式，灵活选择：主要从微商、电商、众筹和自媒体等方面讲述创业方式。
④ 做好营销，助力创业：从互联网营销、电商营销和自媒体营销等方面进行介绍。
⑤ 提升服务，树立口碑：从设计服务承诺到客户服务体验，最终实现服务升级。
⑥ 强化管理，越来越好：主要从财务、团队、客户 3 个角度讲述管理。

结合上述几个方面，本书分为 12 个项目，理论与案例相结合，易于学生理解和掌握。

由于编者水平有限，书中难免有不足之处，恳请读者提出宝贵的意见和建议。

目　　录

项目一　市场与机会 ·· 1

 1.1　洞察市场动向 ·· 1

  1.1.1　学校就是典型的市场 ··· 2

  1.1.2　搜集市场信息 ·· 2

 1.2　跟随市场动态 ·· 4

  1.2.1　寻找创业机会 ·· 5

  1.2.2　把握创业机会 ·· 5

项目二　决策机会 ·· 7

 2.1　市场调研 ··· 7

  2.1.1　调研计划撰写 ·· 8

  2.1.2　调查问卷设计 ·· 9

  2.1.3　调查问卷实施与结果分析 ·· 9

  2.1.4　调研报告撰写 ··· 10

 2.2　决策创业机会 ··· 12

  2.2.1　判断创业机会的好坏 ·· 12

  2.2.2　创业的可行性 ··· 13

项目三　市场定位 ··· 15

 3.1　分析决策 ··· 15

  3.1.1　市场细分标准 ··· 16

  3.1.2　划分市场 ··· 16

 3.2　确定目标市场 ··· 18

  3.2.1　评估细分市场 ··· 19

  3.2.2　选择目标市场策略 ··· 19

 3.3　确定项目 ··· 21

  3.3.1　创业方式 ··· 21

  3.3.2 确定项目 ·· 21

项目四 团队与计划 ·· 24

 4.1 建设创业团队 ·· 24
  4.1.1 组建创业团队 ·· 25
  4.1.2 管理创业团队 ·· 26
 4.2 创业计划的制订 ··· 29
  4.2.1 创业计划调研 ·· 29
  4.2.2 撰写创业计划书 ··· 30

项目五 开始创业 ·· 32

 5.1 筹集资金 ·· 32
 5.2 准备商品 ·· 34
  5.2.1 服务提供 ·· 35
  5.2.2 货物采购 ·· 35
 5.3 产品定价 ·· 37
  5.3.1 产品定价方法 ·· 38
  5.3.2 产品定价策略 ·· 38
 5.4 销售促进 ·· 40
  5.4.1 人员推销 ·· 41
  5.4.2 营业推广 ·· 42

项目六 熟悉平台 ·· 43

 6.1 熟悉淘宝网创业平台 ··· 43
  6.1.1 浏览淘宝网首页 ··· 44
  6.1.2 获得淘宝客服帮助 ··· 45
 6.2 店铺初建 ·· 46
  6.2.1 注册淘宝网账户 ··· 47
  6.2.2 激活支付宝账户 ··· 47
  6.2.3 开店认证 ·· 48

项目七 淘宝店铺 ·· 51

 7.1 店铺定位 ·· 51

  7.1.1 寻找定位 ··· 52
  7.1.2 寻找货源 ··· 52
 7.2 装修店铺 ·· 55
  7.2.1 确定店铺风格 ··· 55
  7.2.2 设计店标 ··· 56
  7.2.3 订购旺铺 ··· 58
 7.3 淘宝网工具 ··· 61
  7.3.1 下载并安装"阿里旺旺" ··· 61
  7.3.2 下载并安装"淘宝助理" ··· 63

项目八 筛选商品 ··· 72

项目九 店铺推广 ··· 82

项目十 外包市场环境分析 ·· 101
 10.1 外包服务市场的 SWOT 分析 ··· 101
  10.1.1 分析环境因素 ··· 102
  10.1.2 构造 SWOT 矩阵 ··· 103
  10.1.3 确定业务类型 ··· 104
 10.2 电子商务外包服务市场需求分析 ·· 105

项目十一 定制外包服务 ··· 109
 11.1 定制电子商务外包服务产品 ·· 109
  11.1.1 分析市场 ··· 110
  11.1.2 制定产品组合策略 ··· 111
 11.2 确定电子商务外包服务价格 ·· 113
  11.2.1 确定工作室的定价目标 ··· 114
  11.2.2 估算外包服务产品的成本 ·· 115
  11.2.3 分析竞争者产品的价格 ··· 115
  11.2.4 确定定价的方法 ·· 116
  11.2.5 调整价格 ··· 117

项目十二 网络营销 ··· 119
 12.1 无站点营销 ··· 119

12.1.1　免费发布供求信息……………………………………………121
　　12.1.2　直接向潜在客户发送信息……………………………………121
　　12.1.3　博客营销……………………………………………………122
　　12.1.4　整合传统营销…………………………………………………124
12.2　搭建工作室网站…………………………………………………………126
　　12.2.1　确定网站建设目标……………………………………………127
　　12.2.2　注册域名………………………………………………………128
　　12.2.3　架设站点………………………………………………………128
　　12.2.4　设计网站………………………………………………………129
12.3　基于站点的推广…………………………………………………………131
　　12.3.1　搜索引擎推广…………………………………………………132
　　12.3.2　网络广告推广…………………………………………………133
　　12.3.3　交换链接………………………………………………………133

项目一
市场与机会

1.1 洞察市场动向

创业案例

搜集市场信息对于创业来说是很重要的一步,通过搜集市场信息能够发现创业商机。"商场简易理发店"就是一个很好的例子。在日常生活中,由于人们工作繁忙,有部分人甚至很少有时间去理发店修剪自己的头发,现在出现在商场中的简易理发店成为人们追捧的对象。人们在商场购物之余,在"商场简易理发店"可以快速地修剪自己的头发,整个过程不用水洗头发,完全在干燥的状态下进行,方便快捷。商家准确定位目标客户,找到商机。

任务概述

某职业学校的学生想要创业。学校就是最好的市场,这个市场中有很多规矩和特点,学生如果能够遵守规矩并抓住特点,就会发掘出不错的创业机会。本章的目的是让学生通过学习本章的内容发现学校这个市场中的商机。

 **任务活动**

信息搜集是指通过各种方式获取所需要的信息。信息搜集是信息得以被利用的第一步。信息搜集工作质量的好坏关系到整个创业实践活动能否顺利开展。要想搜集市场信息,就要明确市场信息的来源,确定搜集信息的方法。

1.1.1 学校就是典型的市场

创业从发现创业机会开始,想要发现创业机会就必须搜集市场信息。市场信息的来源有很多,准备创业的同学,面对校园这个小型而真实的市场,可以从静态信息和动态信息这两个方面进行信息的搜集。

一、搜集校园的静态信息

搜集校园的静态信息从校园的基本情况和学生情况这两个方面来进行。

(一)校园的基本情况

要搜集校园的市场信息,需先对校园的基本情况信息进行采集。了解校园的基本情况有利于学生更好地发现创业机会。校园的基本情况信息采集的项目包括校园位置、师生人数、师生性别比例、师生年龄分布、年级情况等。

(二)学生情况

校园内最易于接触到的顾客就是学生。学生的需求是校园创业开展的源泉,对学生信息进行搜集是很重要的内容。学生情况的信息包括学生的需求、学生的购买力、学生的特征、学生的生活方式等。

二、搜集校园的动态信息

消费者的需求会随着市场的动态变化而变化,在校园这个小型市场中,除了要搜集静态信息,还要不断地搜集动态信息。学生要学会搜集市场信息及捕捉市场动态。创业机会往往通过市场动态反映出来,如果能够预先掌握市场信息,了解市场动态,就可以很好地把握创业机会。

以校园作为一个小型市场,只有搜集到市场的动态,才能更好地捕捉创业机会。例如:冬天临近,气温下降会让保暖产品走俏;母亲节、情人节、圣诞节等节日会让礼品的需求大幅提高;某些影视作品的热播会带动相关衍生产品的销量。

1.1.2 搜集市场信息

一、市场信息的搜集方法

市场信息的内容既广泛又复杂,想要搜集到客观完整的市场信息,需掌握一定的手段和方法。常见的市场信息搜集方法包括如下几种。

（一）观察法

观察法是信息搜集人员到经济活动现场或借助于一定的设备对信息搜集对象的活动进行观察并如实记录的搜集方法。这种方法既可以用来搜集消费者信息，也可以用来了解竞争对手。

（二）调查法

调查法是通过与信息搜集对象进行直接交流来获取信息的方法。根据交流方式的不同，调查法可以分为访谈调查和问卷调查两大类。前者属于口头交流，后者属于文字交流。两种方法各有优缺点，适合了解不同类型的信息。

（三）实验法

实验法也称为试验调查法，是实验者有目的、有意识地通过改变某些社会环境的实践活动来认识实验对象的本质及其发展变化规律的方法。实验法是有一定结构的，即不仅有明确的实验目的，而且有较严格的实验方案设计规则，其结果既可以用于定量分析，也可以用于定性分析。

二、搜集市场信息的要点

搜集市场信息并不是盲目地记录和总结，想要搜集到有用的市场信息，就要学会"三要"，即搜集市场信息的3个要点。

（一）要多"看"

当下我们处于一个信息丰富、媒体日益发达的时代，只要注意观察，就可以得到很多社会信息。

（二）要常"想"

任何知识的学习都忌讳浅尝辄止，需要在学习的基础上深入思考，分析市场信息背后的本质。

（三）要善"归"

单纯地搜集市场动态信息并没有什么意义，要善于将自己平时积累的市场动态信息进行归纳和梳理。搜集市场信息的活动步骤与活动记录见表1-1。

表1-1 搜集市场信息的活动步骤与活动记录

活动步骤	活动记录
明确市场信息的来源	① 搜集的校园基本情况； ② 搜集的学生情况； ③ 搜集的校园动态信息；
确定市场信息的搜集方法	① 确定搜集市场信息的方法； ② 确定搜集市场信息的要点；

以校园作为市场信息搜集的范围，根据实际情况选择市场信息的搜集方法，完成市场信息的搜集工作，通过表1-2所示的市场信息搜集评价表，对学生信息搜集的结果进行评价。

表 1-2 市场信息搜集评价表

任务名称		团队名称		团队终评	
成员姓名		所属分工		个人终评	
评价内容		评价标准	配 分	分 值	创业导师建议
创业活动评价（70%）	明确市场信息的来源	从静态、动态两方面来搜集市场信息，信息要符合校园实际情况，且真实合理	35分		
	确定市场信息的搜集方法	根据实际情况选择市场信息的搜集方法，市场信息搜集方法的选择要合理，要把握市场信息搜集的3个要点	35分		
创业素质评价（30%）	人际交往能力	具有尊重他人意见、勇于承认错误、友善待人、善于倾听、真诚关心他人等素质	6分		
	强烈的市场意识	有眼光，对市场供求信息反应迅速，大胆策划，周密计划	6分		
	规避风险的能力	风险意识强，能规避风险，及时应对	6分		
	学习能力	学习能力强，有创新精神	6分		
	管理能力	拥有管理能力，即管理团队、管理项目的能力	6分		
活动总体情况		总分	100分		
	个人终评：85分及以上为优秀，70～<85分为良好，60～<70分为及格，60分以下要加油				

1.2 跟随市场动态

创业案例

李强是北京某职业学校的学生，2016年某短视频平台上线，家在农村的他从中发现了商机。他利用假期时间，拍摄家里种植的各种农副产品，同时拍摄这些农副产品的烹饪方式。当时短视频刚刚兴起，还处于流量红利期，所以他在很短的时间内就收获了大量粉丝，半年时间粉丝量就达到了几十万。他将自家甚至全村的农副产品都通过短视频平台进行销售，为村民带来了巨大收益，并且不断有广告主邀请他进行合作。

同时,李强利用短视频平台的优势成功将自己的家乡宣传出去,联合村委会组织线下农家乐活动,吸引游客来此旅游,带领村民共同致富。

任务概述

在上节中,我们已经从静态和动态两个方面搜集了校园这个小型市场的信息。在搜集过程中,可以发现很多我们平时没有关注到的信息。本任务的目的是要让大家从搜集的市场信息中发现创业机会。

任务活动

创业机会是指创业者可以利用的商业机会。识别创业机会是创业的起点,也是创业的前提。让我们一起在市场中寻找创业机会!

1.2.1 寻找创业机会

创业机会的发现是创业机会识别过程中最重要的一步,它意味着创业者发现存在着的创业机会并使之成为自己所理解、认识的创业机会。我们已经对校园这个创业市场进行了信息搜集,现在要来发现创业机会。那创业机会来自哪里呢?

创业机会无处不在、无时不在,可以将其来源总结为5个方面,见表1-3。

表1-3 创业机会的来源

来　源	具体说明
问题	创业的根本目的是满足顾客的需求,而顾客的需求在被满足前就是问题。寻找创业机会的一个重要途径是发现和体会自己和他人的需求或生活中的难处
变化	创业机会大多产生于不断变化的市场环境中,市场环境改变,市场需求、市场结构必然随之发生变化
创造发明	人们通过创造发明可以生产新产品、提供新服务,这些新产品和新服务能够更好地满足顾客的需求,同时带来了创业机会
竞争	如果能够弥补竞争对手的不足与缺陷,就能够产生创业机会
新产品、新知识、新技术的产生	通过运用新技术、引进新产品来更好地满足消费者的需求

1.2.2 把握创业机会

机会对于所有创业者都是均等的,每个创业者都不缺少机会。不同的是,有的人能够抓住并利用机会,有的人却无动于衷,错失良机。其中的关键在于对机会的识别和把握。在1.2.1节中,我们分析了市场机会,我们还需要把握创业机会。把握创业机会需要以下3个步骤。

一、形成创意

一个创业项目可能来源于一个新产品或创意,而新产品或创意往往来源于对市场机会、技术机会和政策机会的识别和把握。我们要通过搜集信息、寻找创业机会,形成创业的创意。

二、创业机会信息的搜集整合

创业机会信息的搜集整合是使创意变为现实创业机会的基础工作。信息来源主要有两个方面:从已有数据中搜集信息,这些信息主要来自图书馆、专门的咨询机构以及互联网等,这些信息的获取一般是免费的,或者成本较低;从第一手资料中搜集信息,比如通过观察法、现场调查法、访问调查法等获取第一手资料。

三、初步形成创业想法

发现创业机会后,可以通过搜集创业机会信息,了解市场供求状况、变化趋势、顾客需求等,初步形成创业想法。

通过表1-4所示的创业机会识别评价表,对学生提出的创业机会进行评价。

表1-4 创业机会识别评价表

任务名称		团队名称		团队终评	
成员姓名		所属分工		个人终评	
评价内容		评价标准	配 分	分 值	创业导师建议
创业活动评价（70%）	寻找创业机会	能从现实生活中寻找问题	10分		
		能从市场环境中寻找变化	10分		
		能寻找优秀的创造发明	10分		
		能寻找新产品、新知识、新技术	10分		
	把握创业机会	能形成初步的项目创意	10分		
		能对创业机会信息进行整合	10分		
		能形成初步的创业想法	10分		
创业素质评价（30%）	人际交往能力	具有尊重他人意见,勇于承认错误,友善待人,善于倾听,真诚关心他人等素质	6分		
	强烈的市场意识	有眼光,对市场供求信息反应迅速,大胆策划,周密计划	6分		
	规避风险的能力	风险意识强,能规避风险,及时应对	6分		
	学习能力	学习能力强,有创新精神	6分		
	管理能力	拥有管理能力,即管理团队、管理项目的能力	6分		
		总分	100分		
活动总体情况		个人终评:85分及以上为优秀,70～<85分为良好,60～<70分为及格,60分以下要加油			

项目二
决策机会

2.1 市场调研

创业案例

多关注市场成功案例,也可以学习到创业的经验。黄记煌焖锅作为一家味道不错的餐饮企业,其缺点也同样明显:慢。从顾客点餐到顾客可以食用,等待时间基本在35分钟左右,这成为这家餐饮企业很少出现门庭若市现象的原因之一。为了改善这种情况,某家黄记煌焖锅店提出了改良措施,上菜前提供免费和收费的小吃,减少顾客等待的枯燥感,产生了不错的效果,使其收益大幅提高。

任务概述

同学们所发现的学校的创业机会是否有商机?是否适合创业实践?本任务可以帮助同学们学习如何解决这些问题,如何通过市场调研,评估创业机会。

任务活动

创业离不开市场调研,市场调研切忌流于形式,应明确调研目标,对准确的调查对象进行调研活动,否则得到的调研结果是不准确的、有误导性的。掌握市场调研流程,按照科学的流程来进行调研,才能够获得有效的市场调研报告。市场调研的流程分为调研计划撰写、调查问卷设计、调查问卷实施与结果分析、调研报告撰写。

2.1.1 调研计划撰写

调研方法应结合实际情况选择一种或几种。调研时间及人员安排是指整个调研过程进度的安排及每个时间段调研人员的安排与分配。调研经费预算是指在调研过程中需要的经费预算,如问卷打印费、交通费等。

市场调研的第一步是撰写调研计划,调研计划的结构及调研方法如下。

一、调研计划的结构

① 调研目的。
② 调研内容。
③ 调研对象。
④ 调研方法。
⑤ 调研时间及人员安排。
⑥ 调研经费预算。

二、调研方法

1. 抽样调查

抽样调查是根据随机的原则,从总体中抽取部分样本进行调查,并运用概率学相关方法,根据样本数据推算总体相应数量指标的一种统计分析方法。

特点:价廉,实效性强,适用面广,准确性高。

2. 问卷调查

问卷调查是通过书面形式,严格设计问题或表格,由调查对象自填回答的一种搜集资料和数据的方法。

特点:标准化程度较高,整个调研过程严格按照一定的原则和要求进行,保证了调研的准确性和有效性,避免了盲目性和主观性;能在短时间内搜集大量的资料并得出结论。

3. 访谈

访谈是通过与研究对象进行口头交谈来搜集资料的一种方法。

特点:访谈者与被访谈者互相影响、互相作用,该调研方法具有特定的科学目的和一整套设计、编制及实施的原则。

4. 个案调查

个案调查是对某一特定个体、单位、现象或主题的研究。

特点:调查对象单一,调查对象数量相对较少,要从中发现一般性规律必须从较少的对象中获得丰富、全面、细致的信息,要求对调查对象进行多层次、多方位、多维度的考察与分析。

2.1.2 调查问卷设计

调查问卷也叫调查表,它是一种以书面形式了解被调查对象的反应和看法,并以此获得资料和信息的载体。问卷设计是依据调研目的,列出所需了解的项目,并以一定的格式,将其有序排列,组成调查问卷的活动过程。

一、基本要素

调查问卷通常包括3个部分:前言、正文和结束语。

1. 前言

以问候语开篇,向被调查对象简要说明调查的宗旨、目的及填写要求等内容,引起被调查者的兴趣,同时打消他们有可能产生的顾虑,并表达对当事人的感谢。

2. 正文

该部分是调查问卷的主体部分,主要包括被调查者信息、调查项目信息、调查者信息3个部分。

3. 结束语

结束语写在调查问卷的最后,简短地向被调查者强调本次调查活动的重要性,并再次表达谢意。

二、设计理念

在设计调查问卷时,设计者应该注意遵循以下基本要求:
① 问卷必须与调查主题紧密相关;
② 问卷不宜过长,问题不能过多;
③ 问题要清晰明确,便于回答;
④ 注意询问语句的措辞和语气;
⑤ 避免使用专业术语。

练习:请按照上述介绍的调查问卷格式和设计要求,设计一份调查问卷。

2.1.3 调查问卷实施与结果分析

设计出调查问卷后,需要对调查问卷的实施进行统筹,并对其结果进行分析。调查问卷的实施与结果分析分为以下两个步骤。

一、问卷发放与回收

问卷发放与回收的常用方法如下。

1. 邮寄

该方法简单易行,但对被调查者的影响力较小。建议附上感谢信或者相关专家、有影响力人士的推荐信,以便提高问卷回收率。

2. 现场填答

现场填答是最有效的问卷发放与回收方式,易于与被调查者合作,注意防止被调查者的互相干扰。

3. 网上问卷

网上问卷的方式比邮寄调查问卷的方式更便捷,数据更易回收统计,但被调查者无法与调研人员直接沟通,调查结果受被调查者自身素质影响较大。

二、数据统计及整理

数据统计及整理的步骤如下。

1. 数据统计回收

剔除无效的问卷,对有效调查数据进行统计。

2. 整理

对问卷进行归档整理,并进行数据录入。

3. 问卷结果分析

按照调研目的,用相关统计软件对问卷结果进行分析。

练习:请根据以上步骤发放问卷并对问卷结果进行分析。

2.1.4 调研报告撰写

市场调研的最后一个步骤是撰写一份高质量的调研报告。调研报告是调研人员对所调研内容进行深入细致的调查后,经过认真分析研究而形成的一份书面报告。

调研报告包括背景说明、调查结果、调查结论和附件这几部分。

1. 背景说明

背景说明包括以下 3 部分内容。

① 调查目的。

② 调查背景。

③ 调查实施。

2. 调查结果

通过图表、数字与文字说明对调查的问题进行分析。

3. 调查结论

根据分析的内容得出调查的结论。

4. 附件

附件包括调查问卷等。

练习:前文已经进行了相关调研并对调研结果进行了分析,现在根据调研报告的主要内容,撰写一份自己项目的调研报告,并完成表 2-1 的填写。

表 2-1　市场调研

活动步骤	活动记录
调研计划撰写	调研计划：
调查问卷设计	调查问卷：
调查问卷实施与结果分析	调查问卷实施： 结果分析：
调查报告撰写	调查报告：

根据在校园范围内发现的创业机会，进行市场调研设计，并撰写调研报告。通过表 2-2 所示的市场调研评价表，对学生撰写的市场调研报告进行评价。

表 2-2　市场调研评价表

任务名称		团队名称		团队终评	
成员姓名		所属分工		个人终评	
评价内容		评价标准	配　分	分　值	创业导师建议
创业活动评价（70%）	撰写调研计划	调研计划合理	10 分		
	设计调查问卷	问卷设计规范，符合设计要求	20 分		
	调查问卷实施与结果分析	问卷实施认真，结果分析客观	20 分		
	撰写调研报告	认真撰写调研报告，保证调研报告规范、完整	20 分		
创业素质评价（30%）	人际交往能力	具有尊重他人意见，勇于承认错误，友善待人，善于倾听，真诚关心他人等素质	6 分		
	强烈的市场意识	有眼光，对市场供求信息反应迅速，大胆策划，周密计划	6 分		
	规避风险的能力	风险意识强，能规避风险，及时应对	6 分		
	学习能力	学习能力强，有创新精神	6 分		
	管理能力	拥有管理能力，即管理团队、管理项目的能力	6 分		
活动总体情况	总分		100 分		
	个人终评：85 分及以上为优秀，70～<85 分为良好，60～<70 分为及格，60 分以下要加油				

2.2 决策创业机会

创业案例

创业并不是第二次学习,所选择的创业项目一定要是自己喜欢做并且擅长做的事情。很多创业者总说没有好项目,当你想创业的时候,自己本身所喜欢且擅长的事情就是一个很好的创业启动项目。北京某职业学校学生王某,在校时经常帮助班级和学校进行公众号维护和宣传,对技术和市场的情况很了解,为今后创业打下了坚实的基础。毕业工作一段时间后,他萌发了创业的想法,于是开办了自己的工作室,专门承接中小企业宣传和微信推广的业务,取得了不错的业绩。学以致用是创业的基础。

任务概述

对创业机会进行调研后,创业者对市场情况有了一定的了解,会发现创业过程中将面临的一些具体问题。本任务的目的是在市场调研的基础上,评估创业机会,分析创业机会的可行性,为确定创业项目做准备。

任务活动

你了解自己的创业项目所处的市场环境吗?你是否具备实施创业计划的能力?你是否为项目做足了准备?创业的每个细节都值得思考,每个环节都值得认真对待。评估创业机会对确定创业项目具有很大的作用,全面分析创业机会有助于创业实践的开展。

2.2.1 判断创业机会的好坏

那么,如何判断一个创业机会的好坏?好的创业机会具备以下4个特征。

第一,创业项目的产品能吸引顾客。

第二,能在商业环境中行得通。

第三,必须在机会之窗存在的期间被实施。机会之窗是指商业想法推广到市场上所花费的时间,若竞争者已经有了同样的想法,并已把产品推向市场,那么机会之窗也就关闭了。

第四,有资源(人、财、物、信息、时间)和技术用于创立业务。

创业者需要将自己的创业机会与好的创业机会的特征进行对比,来筛选具备可行性的创业机会。如果答案基本肯定,那么这个创业机会具备可行性;如果有否定的部分,那么这个创业机会仍有待思考。

2.2.2 创业的可行性

创业者在发现市场机会并准备创业时,需要进行创业风险的自我评估。就创业机会的可行性而言,从自我评估的角度,创业者可以通过思考下面几个问题对创业机会进行评估。如果创业者能清楚地回答,并且正面回答,那么就可以大胆地开启创业的脚步;如果创业者有很多问题都不清楚或不具备条件,就需要慎重地考虑。

问题一:是否拥有一个具备潜力的市场机会?
问题二:能否提出一个具有可行性并能够结合市场机会的创意构想?
问题三:能否建立可以创造利润的经营模式?
问题四:是否拥有把握该创业机会的能力和条件?
问题五:是否了解与该创业机会相关的政策、法律与法规?
问题六:是否能承担这次创业的失败?

学生评估创业计划,并完成表 2-3 的填写。

表 2-3 评估创业计划

活动步骤	活动记录
评估创业机会	① 创业项目的产品能否吸引顾客: ② 在商业环境中能否行得通: ③ 能否在机会之窗存在的期间被实施: ④ 是否有创立业务的资源(人、财、物、信息、时间)和技术:
评估创业风险	① 是否有一个具有潜力的市场机会: ② 是否能提出一个具有可行性并能够结合市场机会的创意构想: ③ 是否能够建立一个可以创造利润的经营模式: ④ 是否拥有把握该创业机会的能力和条件: ⑤ 是否了解与该创业机会相关的政策、法律与法规: ⑥ 是否能够承受这次创业的失败:

针对之前提出的创业机会,需要对创业机会进行评估,分析创业机会的可行性。通过表 2-4 所示的创业机会评估评价表,对学生进行的创业机会评估进行评价。

表 2-4 创业机会评估评价表

任务名称		团队名称		团队终评	
成员姓名		所属分工		个人终评	
评价内容		评价标准	配 分	分 值	创业导师建议
创业活动评价 (70%)	评估创业机会	对评估创业机会的 4 个方面的评估客观合理	35 分		
	评估创业风险	对创业风险的评估要符合创业机会和自身情况	35 分		

续表

评价内容		评价标准	配 分	分 值	创业导师建议
创业素质评价 （30%）	人际交往能力	具有尊重他人意见，勇于承认错误，友善待人，善于倾听，真诚关心他人等素质	6分		
	强烈的市场意识	有眼光，对市场供求信息反应迅速，大胆策划，周密计划	6分		
	规避风险的能力	风险意识强，能规避风险，及时应对	6分		
	学习能力	学习能力强，有创新精神	6分		
	管理能力	拥有管理能力，即管理团队、管理项目的能力	6分		
活动总体情况		总分	100分		
		个人终评：85分及以上为优秀，70～＜85分为良好，60～＜70分为及格，60分以下要加油			

项目三
市场定位

3.1 分析决策

创业案例

美国某城约48千米以外的山坡上有一块不毛之地,地皮的主人见地皮搁在那里没用,于是就把它以极低的价格出售。新主人灵机一动,跑到当地政府部门说:"我有一块地皮,愿意无偿捐献给政府,但我是一个教育救国论者,因此这块地皮只能用于建设一所大学。"政府如获至宝,当即就同意了。于是,他把地皮的2/3捐赠给了政府。几年以后,一所颇具规模的大学就矗立在了这块不毛之地上。聪明的地皮主人在剩下的1/3土地上修建了学生公寓、餐厅、商场、酒吧、影剧院等,形成了大学门前的一条商业街。没过多久,捐献给政府的地皮的损失就通过商业街的赢利赚了回来。

电商创业

每个创业机会都立足于一个特定的市场。接下来的任务是进行市场细分。市场细分是指根据整体市场上顾客需求的差异性来划分产品,从而达到为不同消费者服务的目标。本任务的目标是通过市场细分,明确目标市场,确定创业项目。

细分市场是指通过调查分析不同消费者在需求、资源、地理位置、购买习惯和行为等方面的差别,将上述要求基本相同的消费者群体收并为一类,形成整体市场中的若干子市场和分市场。属于同一细分市场的消费者,他们的需求极为相似;属于不同细分市场的消费者,对同一产品的需求则存在明显的差别。

3.1.1 市场细分标准

细分市场的基础是需求的差异性,差异性体现在很多方面,究竟按哪些差异性细分市场呢?市场细分标准可以概括为以下4类,见表3-1。

表3-1 市场细分标准

细分标准	细分变量因素
地理环境	区域、地形、气候、交通运输条件、人口密度等
人口情况	年龄、性别、家庭规模、收入、职业、受教育程度、宗教信仰、民族、家庭生命周期、社会阶层等
消费者心理	生活方式、社交、态度、自主能力、服从能力、领导能力、成就感
购买行为	购买动机、购买状况、使用习惯、对市场因素的感知程度

根据合适的市场细分标准,我们需要对选定创业机会的市场进行细分。

3.1.2 划分市场

划分市场作为一个比较、分类、选择的过程,应该按照一定的程序进行。

一、正确选择市场范围

根据自身的经营条件和经营能力确定进入哪类细分市场,如进入什么行业,生产什么产品,提供什么服务。

二、列出市场范围内所有潜在顾客的需求情况

根据细分标准,比较全面地列出潜在顾客的基本需求,作为以后深入研究的基本资料和依据。

三、分析潜在顾客的不同需求,初步划分市场

通过抽样调查,进一步搜集市场信息与顾客背景资料,初步划分出一些差异较大的细分市场,至少从中选出 3 个细分市场。

四、筛选

根据有效细分市场的条件,对所有细分市场进行分析研究,剔除不符合要求、无用的细分市场。

五、为细分市场定名

为便于操作,可结合各细分市场上顾客的特点,用形象化、直观化的方法为细分市场定名。

六、复核

在细分市场的过程中,企业还要进行营销机会的分析,主要是分析总的市场和每个子市场的竞争状况,以及总的市场和每个子市场的营销组合方案,并根据市场研究对需求潜力进行估计,确定总的市场或每个子市场的营销收入和费用情况,以估计潜在的利润,将其作为最后敲定目标市场和制订营销策略的依据。

七、决定细分市场规模,选定目标市场

企业根据市场细分的结果来确定营销策略,在各子市场中选择与本企业经营优势相一致的子市场,将其作为目标市场。

经过以上 7 个步骤,便完成了细分市场的工作。

学生选择具体细分变量,按照市场细分的步骤完成对校园市场的细分,通过表 3-2 所示的细分市场评价表,对市场细分结果进行评价。

表 3-2 细分市场评价表

任务名称		团队名称		团队终评	
成员姓名		所属分工		个人终评	
评价内容		评价标准	配 分	分 值	创业导师建议
创业活动评价 (70%)	选择市场 细分变量	选择合适的市场细分变量对市场进行细分	25 分		
		市场细分变量的选择要与创业机会相符	10 分		
	划分细分市场	按照细分市场的 7 个步骤进行市场细分	25 分		
		细分市场要与实际情况切合	10 分		

续表

评价内容		评价标准	配 分	分 值	创业导师建议
创业素质评价（30%）	人际交往能力	具有尊重他人意见,勇于承认错误,友善待人,善于倾听,真诚关心他人等素质	6分		
	强烈的市场意识	有眼光,对市场供求信息反应迅速,大胆策划,周密计划	6分		
	规避风险的能力	风险意识强,能规避风险,及时应对	6分		
	学习能力	学习能力强,有创新精神	6分		
	管理能力	拥有管理能力,即管理团队、管理项目的能力	6分		
活动总体情况		总分	100分		
		个人终评:85分及以上为优秀,70~<85分为良好,60~<70分为及格,60分以下要加油			

3.2 确定目标市场

创业案例

摩根是美国的大富豪,年轻时携妻子闯荡美国之际还是个穷光蛋。为了生计,他和妻子开了一个杂货店卖鸡蛋。摩根卖鸡蛋时常常有顾客抱怨说他的鸡蛋小。经过一段时间的观察,他决定让妻子来卖鸡蛋,结果顾客不仅不嫌鸡蛋小,反而对摩根的印象和态度大大改观。原因在于,摩根的手又大又粗,相比之下,鸡蛋显得很小。同样一个鸡蛋,放在女人纤细的手里和男人粗壮的手里,在购买者的视觉上,鸡蛋就发生了变化。

任务概述

根据标准进行了市场细分后,需要根据一定的条件选择目标市场。目标市场是指创业项目所要满足的、创业者决定为之服务的购买者群体。本任务的目的是根据细分市场的潜力、竞争状况、资源等多种因素,来决定把哪一个或者哪几个细分市场作为创业的目标市场。

任务活动

市场细分可使创业者发掘创业机会。下面需要选择进入哪个细分市场。细分市场不能盲目地选择,需要对各个细分市场进行分析和评价,最后选定对创业有利的一个或几个细分市场作为目标市场。

3.2.1 评估细分市场

市场细分之后,应根据有关要求对细分市场进行评估,以确定目标市场。评估细分市场主要从以下3个方面入手。

第一,评估细分市场的规模和成长性。

第二,评估细分市场的吸引力大小、盈利率、风险等情况。

第三,要考虑对细分市场的投资与项目的目标和资源是否一致。

练习:请同学们按照评估细分市场的3个方面对自己的细分市场进行评估,分析细分市场的规模大小;判断细分市场处于成长期还是衰落期;分析细分市场对消费者的吸引力大小;分析细分市场的风险大小以及项目目标资源与投资的符合度。

3.2.2 选择目标市场策略

创业者通过细分市场选择目标市场,首先要确定在这个已经细分的市场上,要选取多少个子市场作为目标市场进入,进入的程度如何,这就是目标市场策略。目标市场策略主要有3种,即无差异营销策略、差异性营销策略和集中性营销策略。

一、无差异营销策略

无差异营销策略是指公司只推出一种产品,或只用一套市场营销办法来招揽顾客。当公司断定各个细分市场之间差异很小时,可以考虑采用这种营销策略。

二、差异性营销策略

差异性营销策略是指公司根据各个细分市场的特点,相应地增加某些产品的花色、式样和品种,或制订不同的营销计划和办法,以充分满足不同消费者的不同需求,吸引不同的购买者,从而增加产品的销售量。

三、集中性营销策略

集中性营销策略是指公司将一切营销策略努力集中于一个或少数几个有利的细分市场中。集中性营销策略使目标市场、企业资源集中,有利于快速地开发适销对路的产品,树立和强化产品形象,也有利于降低生产成本,节省营销费用,增加盈利。在创业实践初期,由于资源和能力有限,一般情况下比较适合采用集中性营销策略。

学生确定目标市场,并完成表3-3的填写。

表3-3 确定目标市场

活动步骤	活动记录
评估细分市场	① 评估细分市场的规模和成长性: ② 评估细分市场的吸引力大小、盈利率、风险等情况: ③ 要考虑对细分市场的投资与项目的目标和资源是否一致:
选择目标市场策略	① 选择的目标市场策略: ② 选择的原因:

根据细分市场的结果,学生按照步骤评估细分市场,选择相应的目标市场策略,最终确定目标市场。通过表3-4所示的确定目标市场评价表,对确定目标市场的活动进行评价。

表3-4 确定目标市场评价表

任务名称		团队名称		团队终评		
成员姓名		所属分工		个人终评		
评价内容		评价标准	配 分	分 值	创业导师建议	
创业活动评价 (70%)	评估细分市场	评估细分市场的规模和成长性	10分			
		评估细分市场的吸引力	15分			
		考虑细分市场的投资与项目的目标和资源是否一致	15分			
	选择目标市场策略	选择合适的目标市场策略	20分			
		目标市场策略与创业机会以及自身情况的契合度	10分			
创业素质评价 (30%)	人际交往能力	具有尊重他人意见,勇于承认错误,友善待人,善于倾听,真诚关心他人等素质	6分			
	强烈的市场意识	有眼光,对市场供求信息反应迅速,大胆策划,周密计划	6分			
	规避风险的能力	风险意识强,能规避风险,及时应对	6分			
	学习能力	学习能力强,有创新精神	6分			
	管理能力	拥有管理能力,即管理团队、管理项目的能力	6分			
活动总体情况	总分		100分			
	个人终评:85分及以上为优秀,70~<85分为良好,60~<70分为及格,60分以下要加油					

项目三 市场定位

3.3 确定项目

创业案例

小李是一所职业学校二年级的学生,他发现学校每天会有大量学生有接收快递的需求,但是上课期间不能接打电话,并且学校门卫室无法帮助学生代收快递,一是数量太大,二是存在安全隐患,所以很多快递被耽搁了。小李决定从这个需求切入进行创业,首先他写好计划书,找到学校申请合作,帮助学生解决不能及时收快递的问题。帮助学生代收快递每件收取一元的服务费,这样小李的创业项目就确定了。

任务概述

我们已经进行了市场细分并确定了目标市场。在本任务中,我们将选择合适的创业方式,确定创业项目。

任务活动

根据自身实际情况选择适当的创业方式,再确定创业项目。

3.3.1 创业方式

创业方式有很多种,作为在校学生,受能力、时间、范围和创业条件等因素的限制,创业方式主要有以下几种(见表3-5)。

表3-5 创业方式

创业方式	详细内容
校园产品销售	学生选择销售产品,自主进货,在校园流动地销售产品
校园店铺运营	在学校设立固定的销售店铺,定时定点销售产品
校园服务提供	在校园内提供废旧纸张资源回收、计算机维修、配件销售等服务
网上创业	网上创业是一种很好的创业起步方式,学生在淘宝网上开设淘宝店铺进行创业

3.3.2 确定项目

选择创业项目需要对各种因素进行综合考虑,只有将这些因素考虑周全并且认为具备足够的条件,才能确定创业项目。

项目选择需要考虑的5个因素包括:

一、个人兴趣与特长

只有选择喜欢做且有能力做的事情,才会全身心地投入创业中,并忘我地工作,在遇到困难和挫折时,才会百折不挠、勇往直前,克服困难实现创业目标。因此,选择自己感兴趣、擅长的项目是创业成功的基础。

二、创业者对拟选项目的熟悉程度

大量的经验表明,开展一份工作首先要从熟悉这份工作开始,譬如开饭店、开茶馆、经营服装鞋帽、从事文化产业等,深入地了解并熟悉这个行业,总结出行业的规律,就可以找到窍门。

三、创业者利用市场机会的能力

需要评估拟选项目在市场上的发展机会,以及创业者是否具备利用这个机会的能力。对创业者来说,客观存在的市场机会并不一定会成为创业机会,创业者必须具备利用该机会的资源能力和技术能力,并且能够利用该机会实现经营目标。

四、创业者承受风险的能力

在创业过程中存在多种风险,创业会受到许多不可控因素的影响,一旦投入资金,创业者必须做好承担风险的准备,创业项目能否赢利,能否长久运营,能否成功并不能被保证。因此,在选择创业项目并投资时,创业者必须考虑清楚项目所要承受的风险。

五、学校的相关规章制度

校园创业项目必须考虑学校的相关规章制度,主要包括两个方面:一是拟选定的项目是否属于学校相关规章制度限制的范畴;二是拟选定的项目是否属于学校相关规章制度鼓励的范畴。

学生完成创业项目的确定,并填写表3-6。

表3-6 创业项目的确定

活动步骤	活动记录
选择创业方式	选择的创业方式:
确定创业项目	① 个人兴趣与特长: ② 创业者对拟选项目的熟悉度: ③ 创业者利用市场机会的能力: ④ 创业者承受风险的能力: ⑤ 学校的相关规章制度:

在细分市场并确定目标市场后,学生应选择合适的创业方式,确定创业项目。通过表3-7所示的确定创业项目评价表,对学生确定创业项目的活动进行评价。

表 3-7 确定创业项目评价表

任务名称		团队名称		团队终评	
成员姓名		所属分工		个人终评	
评价内容		评价标准	配 分	分 值	创业导师建议
创业活动评价 (70%)	选择创业方式	选择的创业方式具有可行性	30 分		
	确定创业项目	从 5 个方面准确分析创业项目的合理性	40 分		
创业素质评价 (30%)	人际交往能力	具有尊重他人意见,勇于承认错误,友善待人,善于倾听,真诚关心他人等素质	6 分		
	强烈的市场意识	有眼光,对市场供求信息反应迅速,大胆策划,周密计划	6 分		
	规避风险的能力	风险意识强,能规避风险,及时应对	6 分		
	学习能力	学习能力强,有创新精神	6 分		
	管理能力	拥有管理能力,即管理团队、管理项目的能力	6 分		
活动总体情况	总分		100 分		
	个人终评:85 分及以上为优秀,70~<85 分为良好,60~<70 分为及格,60 分以下要加油				

项目四
团队与计划

4.1 建设创业团队

创业案例

很久很久以前,在南美洲的草原上,由于天气酷热,山坡上的草丛突然起火,无数蚂蚁被熊熊大火逼得节节后退,大火包围圈越来越小,蚂蚁马上要被全部烧死的时候,意想不到的事情发生了,蚂蚁紧紧聚成一团,滚成一个大蚁球,迅速冲向火海,尽管表面上的蚂蚁被烧死,但这让更多的蚂蚁绝处逢生。

这个故事告诉我们团结就是力量,只有团结起来才可以收获奇迹。

任务概述

创业团队是指为进行创业而形成的集体。它可以使各成员联合起来,在行为上形成彼此影响的交互作用,在心理上意识到其他成员的存在的感受和工作精神。这种集体不同于一般意义上的社会团体,它存在于企业之中,因创业的关系而联接起来,却又超乎个人、领导和组织之外。优秀创业团队具备的基本因素有:一名成功的团队带头人;团队成员彼此十分熟悉,能够相互高效地配合;成员具有创业所必需的相关技能。

任务活动

创业过程一般包含4个阶段:识别与评估市场机会、准备并撰写经营计划、确定并获取企业所需资源以及管理新创企业。

4.1.1 组建创业团队

一、确定团队成员

项目团队包括被指派为项目可交付成果和项目目标而工作的全职或兼职的人员。其主要职责包括:理解将要完成的工作;如果需要,对被指派的活动进行更详细的计划;在预算、时间限制和质量标准范围内完成被指派的工作;让团队负责人知悉问题与有关风险;主动交流项目状态,主动管理预期事件。一个跨部门的团队有来自多个部门或组织的成员,并通常涉及组织结构的矩阵管理。团队成员要求如图4-1所示。

成员人数正好		分工明确
	一个既定的目标	
相互信任		相互交流、相互认可、团结

图4-1 团队成员要求

① 成员人数正好,对初创团队而言,一般情况下3~4人为合适的团队成员数量。
② 创业团队成员要分工明确,包括创意、计划、实施、协调、监督及考评。团队成员通过分工来共同完成团队的目标。在人员选择方面要考虑人员的能力如何,技能是否互补,人员的经验如何等。
③ 团队成员之间需要相互信任。
④ 团队成员需要相互交流、相互认可、团结。
⑤ 团队应该设定一个既定的目标,为团队成员导航,让团队成员知道要向何处去,没有目标这个团队就没有存在的价值。

二、确定团队负责人

团队负责人要有以下几点特质。

① 必须具备过硬的技术和能力。
② 具备良好的合作意识。
③ 有团结、领导意识。
④ 在团队中具有较高威信,被自己团队的队员所信服。

三、确定团队名称和团队口号

确定好团队成员和团队负责人后,接下来由所有团队成员共同确立团队名称及团队口号。

4.1.2 管理创业团队

在创业团队中,可以根据团队成员的个性和特长合理地安排工作岗位,以达到互补的效果,这样可以提高团队生产力,达成团队目标。

一、创业团队的类型

通常根据团队存在的目的和拥有自主权的大小可将创业团队划分为 3 种类型,见表 4-1。

表 4-1　创业团队的 3 种类型

类　型	特　点
问题解决型团队	① 问题解决型团队组织成员就如何改进工作程序、工作方法等问题相互交换看法,对如何提高生产效率和产品质量等问题提出建议 ② 本类型团队的工作核心是提高生产产量与生产效率,改善企业工作环境等。在这样的团队中,成员几乎没有什么实际权力来根据建议采取行动
自我管理型团队	① 自我管理型团队通常由 10～16 人组成,他们承担着以前自己的上司所承担的一些责任。一般来说,他们的责任范围包括控制工作节奏、分配工作任务、安排工间休息 ② 彻底的自我管理型团队甚至可以挑选自己的成员,并让成员相互进行绩效评估。世界上许多知名的大公司都是推行自我管理型团队的典范。但对自我管理型团队效果的总体研究表明,采用这种团队模式并不一定带来积极的效果
多功能型团队	多功能型团队是一种有效的团队管理模式,它能使组织内不同领域员工之间(甚至组织之间)交换信息,激发他们产生新的观点,解决面临的问题,协调复杂的项目。但是多功能型团队在形成的早期阶段需要耗费大量的时间,因为团队成员需要学会处理复杂多样的工作任务。成员之间,尤其是那些背景、经历和观点不同的成员之间,建立起信任并能真正地合作也需要一定的时间

二、团队管理步骤

1. 树立共同目标

团队成员相互交流、相互依赖,为了共同的目标一起努力奋斗。

2. 创业团队成员角色分工及其职责

以个体为基础进行工作设计时,员工的角色由工作说明、工作纪律、工作程序及其他一些正式文件明确规定。但对于高效的团队来说,其成员角色具有灵活多变性,总在不断地调整,这就需要成员具备充分的谈判技能。由于团队中的问题和关系时常变换,所以成员必须能面对和应付这种情况。表 4-2 所示是 9 种团队角色及其描述。

表 4-2 9 种团队角色及其描述

角　色	角色描述
栽培者	能够解决难题,具有创造力和想象力
资源探索者	外向、活泼,组织语言能力强,善于发现机会
协调者	成熟、自信,具有很强的责任心且思路清晰
塑造者	能够激励人心,活力无限,在压力中成长,有克服困难的能力和勇气
监控者	冷静,具备战略眼光与识别力,具备领导能力,能够快速选择并进行比较,以找出最正确的选择
团队工作者	温和,感觉敏锐,老练,善于倾听,思路清晰
贯彻者	纪律性强,值得信赖,具有很强的责任心
完成者	勤勤恳恳、尽职尽责、积极投入,能够准时并优质地完成任务
专家	目标专一,能够自我鞭策,储备有大量的知识,善于答疑

三、规范团队

建立好创业团队后,需要对团队成员进行规范,可以从以下 4 个方面进行。
① 制订团队规则和规定及奖惩制度。
② 建立团队奖励机制,以此激励队员。
③ 组织团建活动和建立沟通渠道,以此提升团队凝聚力。
④ 在团队中切实贯彻创新、团结、信任、有责任心等理念。
完成创业团队的建设,并填写表 4-3。

表 4-3 建设创业团队

活动步骤	活动记录
组建团队	① 团队名称: ② 团队队长: ③ 团队成员: ④ 团队口号:
管理团队	① 创业团队类型: ② 团队目标: ③ 团队成员担任的角色: ④ 规范团队:

学生根据确定的项目组建创业团队,确定团队成员、名称、口号等,明确团队类型、团队成员角色,并制订对应的团队目标。通过表4-4所示的创业团队建设评价表,对学生团队建设活动进行评价。

表4-4 创业团队建设评价表

任务名称		团队名称		团队终评		
成员姓名		所属分工		个人终评		
评价内容		评价标准	配分	分值		创业导师建议
创业活动评价（70%）	团队成员、名称、口号的确定	组建的团队符合5个方面的要求,名称、口号积极向上	10分			
	明确团队类型	团队类型符合团队真实情况	20分			
	制订团队目标、明确团队角色	团队目标明确,具有可落地性 分析每位团员的性格、能力等因素 团队角色安排合理	20分			
	规范团队	认得规范符合自己团队的特点,具有可行性	20分			
创业素质评价（30%）	人际交往能力	具有尊重他人意见,勇于承认错误,友善待人,善于倾听,真诚关心他人等素质	6分			
	强烈的市场意识	有眼光,对市场供求信息反应迅速,大胆策划,周密计划	6分			
	规避风险的能力	风险意识强,能规避风险,及时应对	6分			
	学习能力	学习能力强,有创新精神	6分			
	管理能力	拥有管理能力,即管理团队、管理项目的能力	6分			
活动总体情况		总分	100分			
		个人终评:85分及以上为优秀,70～<85分为良好,60<70分为及格,60分以下要加油				

4.2　创业计划的制订

 **创业案例**

海伦·凯勒是一位集盲、聋、哑于一身的弱女子,她毕业于哈佛大学拉德克利夫学院。她用生命的全部力量奔走呼告,创建了一家家慈善机构,为残疾人造福,被评选为"20世纪美国十大英雄偶像"。理想和信念像熊熊燃烧的烈火使她走出黑暗、走出死寂,理想和信念像巨大的羽翼,帮助她飞上云天。在论及理想和信念时,海伦·凯勒有这样一句非常形象而生动的话:"当一个人感觉到有高飞的冲动时,他将再也不会满足于在地上爬。"她接受了生命的挑战,创造了生命的奇迹。从某种意义上说,人不是活在物质世界里,而是活在精神世界里,活在理想与信念之中。对于人的生命而言,要存活,只要一碗饭、一杯水就可以了;但是要想活得精彩,就要有精神,有远大的理想和坚定的信念。

 **任务概述**

"凡事预则立,不预则废。"做任何事情只有预先计划才能成功。创业计划是整个创业过程的灵魂,必须具备可行性,不能是可望而不可即的,并且应该建立在对组织内外环境进行周密调查研究的基础上,具有充分的客观依据。

 任务活动

创业计划是创业的战略规划,包含项目定位、营销计划、财务计划、组织管理等,引导着创业者朝着拟定的方向奋斗。创业计划是创业者计划创立业务的书面摘要,用以描述与拟创办企业相关的内外部环境条件和要素特点,为业务的发展提供指示图,是衡量业务进展情况的标准。本任务的目标是学习如何制订创业计划,撰写创业计划书。

4.2.1　创业计划调研

创业计划调研可以分为以下几个阶段。

第一阶段:创业计划构想细化。备齐撰写创业计划所需要的数据。

第二阶段:市场调查。了解整个市场的状况,提前设想好创业计划要达到的最终目标与效果。

第三阶段:竞争者调查。判断个别竞争对手的市场占有率,并分析其成功诀窍。

确定创业计划后,需要撰写创业计划书。

4.2.2 撰写创业计划书

当创业者选定了创业目标,确定了创业动机之后,就必须制订出一份完整的创业计划书。创业计划书是创业者在创业前需要准备的一份书面计划,是创业者创业的蓝图,也是筹措创业资金的重要依据。

一、创业计划书的意义与作用

创业计划书的意义与作用主要体现在以下两个方面。

1. 帮助创业者厘清思路、准确定位

创业者应该以认真的态度对自己的资源、已知的市场情况和初步的竞争策略做尽可能详尽的分析,并提出一个初步的行动计划。通过撰写创业计划书,做到自己心中有数。

2. 帮助创业者获得创业融资

创业计划书帮助创业者把计划中的企业推销给风险投资家。因此,创业计划书还要说明创办企业的目的、创办企业所需的资金、为什么投资人值得为此注入资金等问题。

二、创业计划书的基本框架

创业计划书的基本框架如表 4-5 所示。

表 4-5　创业计划书的基本框架

基本框架	详细内容
项目介绍	项目名称及项目概况
市场分析	包括市场需求分析、目标群体分析、竞争对手分析等
营销策略	包括产品策略、价格策略、渠道策略、促销策略等
组织管理	包括团队结构、团队成员、团队任务分配等
财务分析	包括成本、盈利状况等
项目可行性分析	包括财务、人员、市场等可行性因素

完成创业计划的制订,并填写表 4-6。

表 4-6　创业计划的制订

活动步骤	活动记录
创业计划调研	第一阶段,创业计划构想细化: 第二阶段,市场调查: 第三阶段,竞争者调查:
撰写创业计划书	① 项目介绍: ② 市场分析: ③ 营销策略: ④ 组织管理: ⑤ 财务分析: ⑥ 项目可行性分析:

项目四 团队与计划

学生完成创业计划书的撰写,通过表 4-7 所示的创业计划书评价表,对学生创业计划书撰写活动进行评价。

表 4-7 创业计划书评价表

任务名称		团队名称		团队终评		
成员姓名		所属分工		个人终评		
评价内容		评价标准	配 分	分 值		创业导师建议
创业活动评价 (70%)	制订创业计划	创业计划详细合理,市场调查和竞争者情况调查符合实际	10 分			
		创业计划构想细化	10 分			
		市场调查翔实	10 分			
		竞争者调查翔实	10 分			
	撰写创业计划书	创业计划书内容完整	10 分			
		创业计划书规范	10 分			
		计划书与创业计划相符	10 分			
创业素质评价 (30%)	人际交往能力	具有尊重他人意见,勇于承认错误,友善待人,善于倾听,真诚关心他人等素质	6 分			
	强烈的市场意识	有眼光,对市场供求信息反应迅速,大胆策划,周密计划	6 分			
	规避风险的能力	风险意识强,能规避风险,及时应对	6 分			
	学习能力	学习能力强,有创新精神	6 分			
	管理能力	拥有管理能力,即管理团队、管理项目的能力	6 分			
		总分	100 分			
活动总体情况	个人终评:85 分及以上为优秀,70~<85 分为良好,60~<70 分为及格,60 分以下要加油					

项目五
开 始 创 业

5.1 筹集资金

创业案例

1992年,刘强东考入中国人民大学,家里很穷的他入学时只带了500元钱。当时的他对自己说大学4年不再向家里要钱。大四那年,学校附近的一个餐厅恰巧要转手,刘强东用前三年赚来的24万元把店面盘了下来。谁知,接手之前赢利的饭店,不到一年时间,就赔光了他赚来的第一桶金。无奈之下,只能关门。他向亲戚借了十几万元,还清了餐厅欠下的账,给每位员工都发了两份工资。走的时候,他连一个碗都没有带走。餐厅倒闭时,他欠了20多万元的债,但创业的信念和激情一直没有消退,毕业后两年,他还清了所有债务。1998年,刘强东离开外资企业再次选择创业,并给自己的公司起名叫"京东"。

任务概述

组建完创业团队,撰写了创业计划书,接下来就要进行创业实践。对于创业,摆在创业者面前的第一个问题是,没有启动资金,该如何去创业?学生经验少,创业实践将很难展开。在没有启动资金的情况下,如果想创业,就要去筹集资金。

任务活动

创业项目没有启动资金,一切将无从谈起。资金的来源有 3 个渠道:一是自筹;二是借贷;三是风险投资。创业资金刚开始一定非常有限,创业者不要动用超过自己所能筹集资金 50% 的资金,否则将要承担风险。这就需要创业者制订一个周全的资金筹集计划,为日后发展做准备。

创业资金的筹集方法主要有以下 5 种。

1. 寻求父母和亲戚的支持

作为学生,不同于社会人士,朋友圈里绝大部分都是年纪相仿的朋友,因此向朋友借钱难度较大。创业的学生需要学会将创业想法和创业计划书讲给父母和亲戚听,以得到他们的支持。从父母和亲戚处筹集资金的优点是,筹资速度快,成本低。其缺点是一旦创业失败,就会影响双方关系。

2. 政府提供的创业基金

这个方面的资金一般都是无息的,好处是极大地降低了融资成本,但政府每年投入的资金有限,因此需要创业者和其他融资者进行激烈的竞争,且申请创业基金的流程也非常严格。

3. 向银行或金融机构贷款

贷款一般分为两类:信用贷款和抵押贷款。如果拥有质押品(如私人房产、汽车、有价证券等),贷款会比较方便,但对于学生来说,进行抵押贷款十分困难。另外一种是信用贷款,目前能够为微型企业提供信用贷款的银行主要就是四大国有商业银行。信用贷款是最普遍的筹资途径之一。

4. 寻求风险投资

据相关调查研究显示,在我国,近年来专门从事风险投资的金融机构数量飞速增长,风险投资已经逐渐成了创业者获得资金的一种方式。能够获得风险投资的项目一定是具备足够吸引力的优质项目。

5. 合伙入股

创业社会化成为一种趋势,一个人在创业的过程中往往势单力薄,合伙创业有利于创业资金的筹集,还可以充分发挥人才的作用,有助于对各种资源的整合与利用。对于资金力量不够雄厚的创业者来说,这种合伙经营的方式可以有效地降低风险,在创业不成功的情况下,带来的风险将由几个人共同分担,相对一个人创业来说,个人的损失要小得多。

记录筹集资金的过程,并填写表 5-1。

表 5-1 筹集资金

活动步骤	活动记录
启动资金来源	资金来源:

针对创业项目,学生选择合适的资金筹集方式,完成创业资金的筹集。通过表 5-2 所示的创业资金筹备评价表,完成对学生创业资金筹集活动的评价。

表 5-2　创业资金筹集评价表

任务名称		团队名称		团队终评	
成员姓名		所属分工		个人终评	
评价内容		评价标准	配　分	分　值	创业导师建议
创业活动评价 (70%)	启动资金的来源	启动资金来源合理,符合实际情况	40 分		
		启动资金数额符合创业项目需求	30 分		
创业素质评价 (30%)	人际交往能力	具有尊重他人意见,勇于承认错误,友善待人,善于倾听,真诚关心他人等素质	6 分		
	强烈的市场意识	有眼光,对市场供求信息反应迅速,大胆策划,周密计划	6 分		
	规避风险的能力	风险意识强,能规避风险,及时应对	6 分		
	学习能力	学习能力强,有创新精神	6 分		
	管理能力	拥有管理能力,即管理团队、管理项目的能力	6 分		
活动总体情况	总分		100 分		
	个人终评:85 分及以上为优秀,70～<85 分为良好,60～<70 分为及格,60 分以下要加油				

5.2　准备商品

创业案例

学生小齐毕业后一直想自己做老板,看到朋友开了一家日用品店,生意红火,消费者络绎不绝,感到颇为心动。于是,小齐就在小区内租了一家店面,筹集了 2 万多元作为启动资金,进了一些货品,开了一家日用品店。经营 1 个月后,小齐的日用品店就撑不住了,只好关门。为什么同样经营日用品店,朋友就可以赚得盆满钵满,自己的店就生意萧条呢?原来,小齐没有采购货物的经验,采购的货物都是一些价格贵、知名度低的产品,很多大家常用的日用产品在小齐的店里却根本找不到。并且小齐采购货物的批发市场离他的店面很远,每次进货量少,进货次数多,成本高很多,最终导致了小齐店铺的倒闭。

经过上一个任务,线下创业实践的资金筹集已经完成了,现在要进入产品的准备阶段,创业项目不同,要准备的产品就不同,有服务类的产品,也有实体销售类的产品。在这个过程中,需要按照自己的创业项目来准备产品。

产品的准备依据项目和创业方式的具体情况来决定,对于服务类的创业项目,准备的产品是围绕着服务展开的;对于技术型的创业项目,应根据用户的需要做出网站或技术型产品;对于销售类的创业项目,就要做足进货的准备。

5.2.1 服务提供

服务类产品是生产者通过由人力、物力和环境所组成的结构系统来实际生产、销售及交付的,能被消费者购买和实际接收及消费的"功能和作用"。服务类产品具有以下属性。

① 功能性:指服务实现的效能和作用。
② 时间性:指服务的速度,能否及时、准时、省时地满足服务需求。
③ 文明性:指满足顾客精神需求的程度。
④ 安全性:指服务提供方在对顾客进行服务的过程中,保证顾客的人身不受伤害,财物不受损害的能力。
⑤ 舒适性:指服务对象在接受服务的过程中感受到的舒适程度。
⑥ 经济性:指为得到相应的服务,顾客所需费用的合理程度。

5.2.2 货物采购

采购环节是创业实践活动正常有序开展的第一道关口,正确地进行货物采购,降低采购成本,不仅体现在项目现金流支出减少方面,而且也直接体现为产品生产成本的下降,可以进一步提升企业的竞争力。

一、进货途径

如何寻找到适合自己产品的货源是所有创业者非常关心的问题之一,这关系到创业能否成功。对于刚起步的创业团队,以下3种方式是最主要的进货途径。

① 从批发市场进货。
② 从厂家直接进货。
③ 从网上订货。

二、进货流程

进货流程如下：
① 制订需要采购的商品目录；
② 进行市场比价,掌握产品信息；
③ 选择供应商,洽谈商品供销事宜；
④ 查看样货,看样选购；
⑤ 议定价格,选购商品；
⑥ 收货验货,付钱。

学生进行准备商品的活动,并填写表5-3。

表5-3 准备商品

活动步骤	活动记载
服务提供	① 分配服务人员； ② 规范服务流程； ③ 筹备辅助服务的产品； ④ 划分服务区域；
进货途径	进货途径：
进货流程	① 制订需要采购的商品目录； ② 进行市场比价,掌握产品信息； ③ 选择供应商,洽谈商品供销事宜； ④ 查看样货,看样选购； ⑤ 议定价格,选购商品； ⑥ 收货验货,付钱；

根据创业项目的不同,学生完成商品准备工作。通过表5-4所示的创业商品筹备评价表,对学生商品准备活动进行评价。

表5-4 创业商品筹备评价表

任务名称		团队名称		团队终评	
成员姓名		所属分工		个人终评	
评价内容		评价标准	配 分	分 值	创业导师建议
创业活动评价 (70%)	服务提供	服务提供内容完整	10分		
		服务提供准备充分	10分		
	选择进货途径	进货途径合理	20分		
	安排进货流程	进货流程清晰,可操作性强	30分		

续表

评价内容		评价标准	配 分	分 值	创业导师建议
创业素质评价 (30%)	人际交往能力	具有尊重他人意见,勇于承认错误,友善待人,善于倾听,真诚关心他人等素质	6分		
	强烈的市场意识	有眼光,对市场供求信息反应迅速,大胆策划,周密计划	6分		
	规避风险的能力	风险意识强,能规避风险,及时应对	6分		
	学习能力	学习能力强,有创新精神	6分		
	管理能力	拥有管理能力,即管理团队、管理项目的能力	6分		
活动总体情况		总分	100分		
		个人终评:85分及以上为优秀,70~<85分为良好,60~<70分为及格,60分以下要加油			

5.3 产品定价

创业案例

以星巴克一杯售价25元的中杯美式咖啡为例,其所耗费的物料成本包括价值2元的20克咖啡豆、0.6元的一次性纸杯、2元的牛奶,即一杯中杯美式咖啡的物料成本为4.6元;再加上运营成本,约5.5%的人工费,约20%的水、电、广告费,约14.3%的房租,约4%的设备折旧费,约5%的其他成本和约4.4%的行政开支,即13.3元的运营成本。所以一杯售价25元的中杯美式咖啡的总成本为4.6+13.3=17.9元,远远低于其售价。可见,产品的定价很有学问,运用合理的价格策略才能促进产品的销售。

任务概述

产品定价对市场竞争有着十分关键的影响,对企业的发展有着举足轻重的作用。价格是消费者最关注的产品因素之一,产品价格的高低往往是影响交易成败的关键因素。企业必须合理定价以促进销售,获取利润,占领市场,谋求更好的发展。本任务的目标是学习产品定价的方法,以及产品定价策略。

任务活动

产品定价具有一定的方法和策略,用什么定价策略能够提高产品的销量?

5.3.1 产品定价方法

一、定价要考虑的因素

定价要考虑的因素如下。
① 自身因素:成本费用、销售数量、资金周转。
② 竞争者的产品和价格。
③ 消费者因素。
④ 市场因素。

二、主要的产品定价方法

主要的产品定价方法包括成本导向定价法、需求导向定价法、竞争导向定价法。

1. 成本导向定价法

成本导向定价法是一种以成本为中心的定价方法,也是传统的、运用较普遍的定价方法。以实现当期最高利润、获取一定的投资收益率、维持营业或生存、履行社会责任等为定价目标的企业普遍采用这种定价方法。成本导向定价法是以成本为中心的定价方法,即以进货成本为依据,加上期望得到的利润来确定所卖产品的价格。

2. 需求导向定价法

需求导向定价法是以需求为中心的定价方法,即企业在为产品定价时首先考虑顾客需求的强弱和对价格的接受能力,然后才考虑能否弥补成本,按照想买产品的买家承受能力来确定价格。

需求导向定价法是现代营销观念下的一种定价方法,在现代社会备受推崇,是以维护企业形象、履行社会责任、保持价格稳定等为定价目标的企业常用的一种定价方法。

3. 竞争导向定价法

竞争导向定价法是以竞争为中心的企业定价方法,即企业以市场上相互竞争的同类产品价格作为本企业产品定价的基本依据,并随着竞争对手价格的变化而调整自己的价格水平。

根据创业项目提供的产品,选择合适的定价方法进行定价。

5.3.2 产品定价策略

一、心理定价策略

根据消费者的消费心理确定消费价格,一般有以下 3 种策略。

① 声望定价：用高价让消费者觉得产品具有较高的声望或品质。
② 尾数定价：在价格数字上不进位，保留零头，使消费者产生价格低廉的感觉。
③ 招揽定价：特意将某几种商品的价格定得较低，以吸引顾客经常来采购廉价商品，同时选购其他正常价格的商品。

二、折扣定价策略

为了鼓励顾客及早付清货款、大量购买、淡季购买，酌情降低商品的价格，这种价格调整策略叫作折扣定价策略。

① 现金折扣：对按约定日期付款或提前付款的顾客给予一定的价格折扣。
② 数量折扣：对那些大批量购买的买主降价。这些数量折扣必须提供给所有顾客，但是不能超过销售者大量销售所省的成本。
③ 功能折扣：也称为贸易折扣，是由销售者提供给那些执行一定贸易功能的分销渠道成员的，比如，厂家给批发商的折扣为4折，而给零售商的折扣为6折。
④ 季节折扣：对淡季购买商品或服务的顾客降低价格，例如，空调生产商在冬季向零售商提供季节折扣，鼓励他们提前订货。
⑤ 价格折让：折让是降低目录价格的另一种形式，比如以旧换新。
⑥ 促销折扣：为了报答那些参与广告和支持销售计划的分销渠道经销商，向他们提供报酬或直接减价。

三、差别定价策略

差别定价策略也叫价格歧视策略，是企业按照两种或两种以上不反映成本费用的比例差异的价格销售某种产品或劳务。差别定价策略有以下4种形式。

1. 顾客差别定价

顾客差别定价即企业按照不同的价格把同一种产品或劳务卖给不同的顾客。例如，某汽车经销商按照价目标价把某种型号的汽车卖给顾客A，同时按照较低的价格把同一种型号的汽车卖给顾客B。这种价格歧视表明，顾客的需求强度和商品知识有所不同。

2. 产品形式差别定价

产品形式差别定价即企业对不同型号或形式的产品分别制订不同的价格，但是，不同型号或形式产品的价格之间的差额和成本费用之间的差额并不成比例。

3. 产品部位差别定价

产品部位差别定价即企业对于处在不同位置的产品或服务分别制订不同的价格，即使这些产品或服务的成本费用没有任何差异。例如，剧院虽然不同座位的成本费用都一样，但是不同座位的票价有所不同，这是因为人们对剧院不同座位的偏好有所不同。

4. 销售时间差别定价

价格随着不同的季节、不同的月份、不同的日期，甚至不同的时间段而变动。
学生进行定价方法和策略的选择，并完成表5-5的填写。

表 5-5　产品定价策略

活动步骤	活动记录
产品定价方法	选择产品定价方法：
产品定价策略	确定产品的定价策略：

选择适当的定价方法和定价策略，对创业项目中选择的产品进行定价。通过表 5-6 所示的产品定价评价表，对学生产品定价活动进行评价。

表 5-6　产品定价评价表

任务名称		团队名称		团队终评		
成员姓名		所属分工		个人终评		
评价内容		评价标准	配　分	分　值	创业导师建议	
创业活动评价（70%）	产品定价方法	定价方法适当，定价合理	30 分			
	产品定价策略	定价策略合理、有效，可推动销售	40 分			
创业素质评价（30%）	人际交往能力	具有尊重他人意见，勇于承认错误，友善待人，善于倾听，真诚关心他人等素质	6 分			
	强烈的市场意识	有眼光，对市场供求信息反应迅速，大胆策划，周密计划	6 分			
	规避风险的能力	风险意识强，能规避风险，及时应对	6 分			
	学习能力	学习能力强，有创新精神	6 分			
	管理能力	拥有管理能力，即管理团队、管理项目的能力	6 分			
活动总体情况	总分		100 分			
	个人终评：85 分及以上为优秀，70～<85 分为良好，60～<70 分为及格，60 分以下要加油					

5.4　销售促进

创业案例

良品铺子股份有限公司（以下简称"良品铺子"）是一家致力于休闲食品研发、加工分装、零售服务的专业品牌连锁运营公司,2006年在武汉开了第一家门店,至今已拥有1 000余家门店。

良品铺子的营销活动和营销观念主要表现在以顾客为中心上,在其发展过程中,良品铺子主要采取了以下促销策略。

① 会员制度:凡是在良品铺子购物满38元的顾客即可免费办理一张会员卡,办理会员卡的顾客可以专享会员价格,同时会员卡还可以积分,平日一元一分,生日当天可以享受双倍积分,积分到达一定数量可以兑换礼品。

② 一年一度的核桃节活动:每年在良品铺子生日当天即8月28日都会有十款核桃做活动,这已经成为良品铺子一年一度的文化节活动。

③ 每个月都会有会员特价和相应的活动:会员可以凭会员卡享受7～9折的优惠。更加贴心的是良品铺子的会员特价商品是根据时令来选择的。

任务概述

营销指企业发现或发掘准消费者需求,让消费者了解该产品进而购买该产品的过程。市场营销(marketing)又称作市场学、市场行销或行销学,MBA(工商管理硕士)、EMBA(高级管理人员工商管理硕士)等经典商管课程均将市场营销作为对管理者进行管理和教育的重要模块。市场营销是在创造、沟通、传播和交换产品的过程中,为顾客、客户、合作伙伴以及整个社会带来经济价值的活动、过程和体系,主要是指营销的同时针对市场开展经营活动、销售行为的过程,即经营销售实现转化的过程。

根据不同产品销售的需要,采取不同的营业推广活动,推动产品销售。

5.4.1 人员推销

一、推销人员安排

安排团队中的一部分人员作为推销人员,进行产品推销活动。

二、人员推销形式

① 上门推销:由销售人员携带样品、说明书和订货单等上门走访客户,推销商品。
② 柜台推销:由柜台人员接待顾客,销售产品、推销商品的活动。
③ 会议推销:利用各种会议向与会人宣传和介绍产品,开展推销活动。

三、人员推销的策略

在人员推销活动中,一般采用以下3种基本策略。
① 试探性策略:在不了解顾客的情况下,推销人员运用刺激性手段使顾客产生购买行为的策略。
② 针对性策略:在基本了解顾客情况的前提下,推销人员有针对性地对顾客进行宣传、介绍,以引起顾客的兴趣和好感,达成交易的目的。

③ 诱导性策略：推销人员运用能激起顾客某种需求的说服方法，诱导顾客采取购买行为的推销策略。

5.4.2 营业推广

营业推广是为刺激消费者迅速购买而实行的一种短期促销措施，是不以营造品牌为宗旨的战术性营销工具，通过利益驱动购买，主要适用于冲动性购买。

企业间的竞争越来越激烈，促销活动也越来越多。常见的营业推广形式有折价促销、有效促销、游戏促销、竞赛促销、会员制促销、试用促销、赠品促销、以旧换新促销、积点促销、展示促销、赞助促销、联合促销、团批促销、佣金促销、心理促销等。

学生进行销售促进策略的设计，并完成表 5-7 的填写。

表 5-7 销售促进

活动步骤	活动记录
人员推销	选择恰当的人员推销形式：
营业推广	选择适当的营业推广方法：

根据选择的创业项目，设计相应的销售促进计划。通过表 5-8 所示的销售促进设计评价表，对销售促进设计活动进行评价。

表 5-8 销售促进设计评价表

任务名称		团队名称		团队终评	
成员姓名		所属分工		个人终评	
评价内容		评价标准	配 分	分 值	创业导师建议
创业活动评价（70%）	人员推销	人员推销计划合理、可行	30 分		
	营业推广	营业推广方法合理、效果明显	40 分		
创业素质评价（30%）	人际交往能力	具有尊重他人意见，勇于承认错误，友善待人，善于倾听，真诚关心他人等素质	6 分		
	强烈的市场意识	有眼光，对市场供求信息反应迅速，大胆策划，周密计划	6 分		
	规避风险的能力	风险意识强，能规避风险，及时应对	6 分		
	学习能力	学习能力强，有创新精神	6 分		
	管理能力	拥有管理能力，即管理团队、管理项目的能力	6 分		
		总分	100 分		
活动总体情况		个人终评：85 分及以上为优秀，70～<85 分为良好，60～<70 分为及格，60 分以下要加油			

项目六
熟悉平台

6.1 熟悉淘宝网创业平台

创业案例

90后淘宝卖家薛某是山东省滨州市博兴县锦秋街道湾头村的一个普通人。2013年,薛某无意中看到了家乡湾头村的柳编淘宝店,随即产生了自己回乡开店创业的想法,于是他义无反顾地踏上了回乡创业的道路。当时,薛某对计算机知识知之甚少,为了让自己的淘宝店铺能够脱颖而出,没有设计基础的他自学了Photoshop技术和网页设计。通过所学知识,他不定期地更新店铺设计,将自己的想法通过技术表达出来。在产品的选择上,他也有自己的想法,通过精选产品,并进行二次加工来提高产品价格,从而提高产品的利润率。靠着自己的技术和想法,他的店铺取得了不错的业绩,只用了两年时间,店铺就发展为两个蓝冠的金牌卖家,他的年收入也达到了20万元左右。

任务概述

通过本项目,创业者首先要学会在淘宝平台上购买商品;其次要了解淘宝网每项功能的位置和作用,在此基础上一步步完成开店申请。

任务活动

新手卖家要熟悉淘宝网,可以从熟悉淘宝网首页入手,要了解其首页分类情况、功能区分布情况、主题市场等。为了迅速成长起来,新手卖家还可以在淘宝网的新手专区、服务中心、阿里学院、淘宝论坛等栏目中学习开店方法,寻求帮助,获取开店的经验。

6.1.1 浏览淘宝网首页

淘宝网的首页经常会根据其业务方向进行调整,但是基本格局不变,大部分相关功能不变。

聚划算是阿里巴巴旗下的团购网站,由淘宝网官方开发平台,并由淘宝网官方组织的一种线上团购活动形式。团购活动形式主要分为城市团购和商品团购。淘宝网卖家可以申请加入聚划算,经过商家资质认证和商品审核后,相关宝贝就可以在聚划算中出现,加入聚划算可带来更多的交易。

天猫超市是天猫旗下的网上零售超市,可实现网上用户在家中逛超市的购物体验。天猫为其提供电子商务平台,供应商负责商品采购。另外,2016年淘宝网对首页进行了一次改版,此次淘宝首页改版大的架构没有发生变化,改变了页面 UI 图标设计风格,首页第一屏的左侧列表全部更新,由以前的特色服务,变成了主题市场,容纳了更详细的商品分类。淘宝网首页遵循千人千面的原则,会根据新手消费者不同的搜索、消费喜好与年龄层次推送特定的内容,让消费者能在首页找到更多自己想要的、自己关注的产品。另外,在淘宝网首页上更多地突出了特色版块,如中国质造、特色中国、淘宝汇吃、极有家等频道。

一、首页功能区分布情况

在首页集中了淘宝网的注册、登录、商品和店铺搜索、我的淘宝、千牛卖家中心等重要链接,这些也是淘宝网首页中最被频繁使用的功能链接。

二、淘宝网主题市场

淘宝网首页的左侧是主题市场,罗列了淘宝网所销售产品的相关分类,便于客户搜索并进入自己感兴趣的类目,如图 6-1 所示。

项目六 熟悉平台

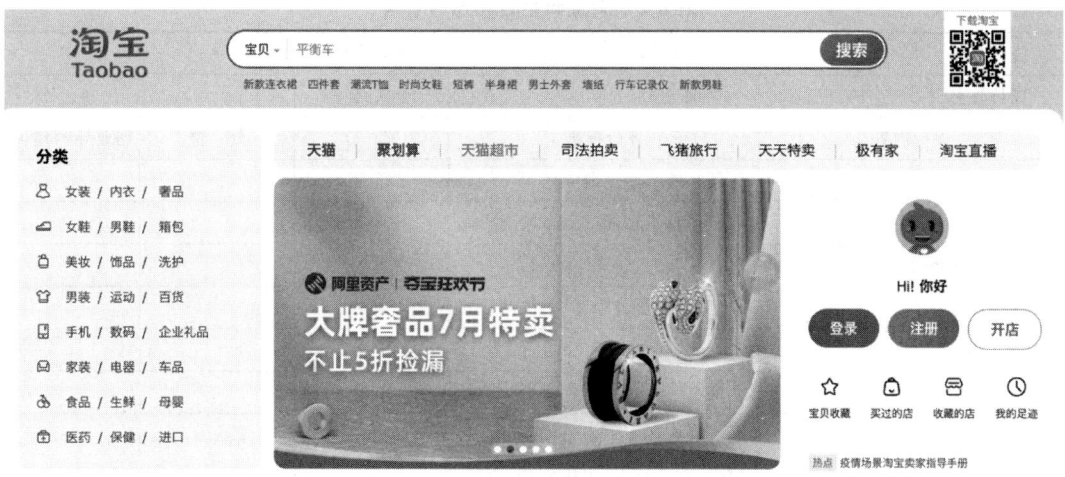

图 6-1 淘宝网首页

6.1.2 获得淘宝客服帮助

一、免费开店

想成为一个入门级的卖家,单击"卖家中心",然后单击"免费开店"即可根据提示一步一步模拟开店经营的基本步骤。

二、服务中心

单击淘宝网首页底部的"24 小时在线帮助"即可进入淘宝网服务中心。在淘宝网首页右侧,单击"论坛"可以进入"淘宝论坛","经验畅谈居"是卖家学习和交流的社区,囊括了网店运营、店铺营销、视觉营销等重要栏目。

学生熟悉淘宝网创业平台,并完成表 6-1 的填写。

表 6-1 熟悉淘宝网创业平台

活动步骤	活动记录
淘宝网首页调研	首页功能区分布情况:
获得淘宝客服帮助	在"免费开店"解决了: 在"服务中心"解决了: 在"阿里学院"中学习了: 在"淘宝论坛"中学习了:

学生熟悉淘宝网平台,了解平台的主要功能分布,掌握在淘宝网的新手专区、服务中心、阿里学院、淘宝论坛等栏目中进行自学的技巧。通过表 6-2 所示的淘宝网平台熟悉评价表,对学生的淘宝网熟悉程度进行评价。

表 6-2　淘宝网平台熟悉评价表

任务名称		团队名称		团队终评		
成员姓名		所属分工		个人终评		
评价内容		评价标准		配　分	分　值	创业导师建议
创业活动评价（70%）	调研淘宝网首页	了解首页专区分类情况		15分		
		了解首页功能区分布情况		15分		
	学会寻找帮助	能在"新人学堂"中进行学习		10分		
		能通过"服务中心"解决问题		10分		
		能在"阿里学院"中进行学习		10分		
		能在"淘宝论坛"中进行学习		10分		
创业素质评价（30%）	人际交往能力	具有尊重他人意见,勇于承认错误,友善待人,善于倾听,真诚关心他人等素质		6分		
	强烈的市场意识	有眼光,对市场供求信息反应迅速,大胆策划,周密计划		6分		
	规避风险的能力	风险意识强,能规避风险,及时应对		6分		
	学习能力	学习能力强,有创新精神		6分		
	管理能力	拥有管理能力,即管理团队、管理项目的能力		6分		
活动总体情况	总分			100分		
	个人终评:85分及以上为优秀,70~<85分为良好,60~<70分为及格,60分以下要加油					

6.2　店铺初建

创业案例

蒙牛牛特产店的店主是当兵出身,退伍后被分配到通辽运输公司上班,但好景不长,公司倒闭,工人下岗。2012年的一个偶然机会他和他妻子通过朋友介绍接触到了淘宝,当时在淘宝上开设店铺还没有被认可,夫妻俩遭到了家人的强烈反对,家人认为在淘宝上开设店铺没有出去打工稳定,夫妻俩瞒着家人,偷偷地在淘宝上开设了内蒙古特产店。白天外出打工,晚上回来钻研淘宝店,遇到不懂的问题就在百度上搜索,遇到技术性问题就去请教朋友,每天很早就骑自行车去批发街进货,在这段艰难的日子里夫妻俩常常偷偷地掉眼泪。在开店三个月后,第一个订单产生了,夫妻二人兴奋地一夜未眠,这也更加坚定了他们创业的决心。

2017年蒙牛牛特产店入驻通辽电子商务产业园,依托产业园的聚集力和带动力,进一步扩大了经营范围,销售额逐渐上升,从最初的月销售额几千元逐渐达到了月销售额两万元左右。接下来,夫妻俩准备注册公司,打造属于自己的品牌,并申请入驻天猫商城。

本任务要学习淘宝网卖家注册开店的全部流程,即从账户注册到激活支付宝账号,再到开店认证3个步骤。完成这些步骤,淘宝网的店铺就建立起来了。根据淘宝网规则的变动,这个流程可能会发生一定的变化。

注册淘宝网账户,其实就是获得一个身份,这样才能够登录淘宝网,与其他买家和卖家交易。注册好账户后,需要通过手机或邮箱验证来激活账户。拥有淘宝网账户后还需要申请与之对应的支付宝账户,以方便交易。在淘宝网开店还需要通过认证,包括支付宝实名认证和淘宝网身份信息认证。

6.2.1　注册淘宝网账户

在淘宝网开店的第一步就是注册淘宝网账户。注册了淘宝网账户,才可与淘宝网其他买家和卖家交易,才有资格开设自己的店铺。接下来介绍淘宝网账户的注册方法。

第一步:打开淘宝网,单击"卖家中心"→"免费开店"→"免费注册"。

第二步:进入注册页面后,填写基本注册信息,包括会员名、登录密码、验证码等。

6.2.2　激活支付宝账户

注册支付宝账户有以下两种方法。

方法一:进入支付宝网站进行注册。

方法二:在注册淘宝网账户时,同时注册支付宝账户。如果淘宝网账户是通过手机验证的,验证用的手机号码即支付宝账户;如果是通过邮箱验证的,该邮箱地址即支付宝账户。

注意:一个人可以注册多个支付宝账户,但是一个淘宝网账户只能绑定一个支付宝账户。

在注册支付宝账户的过程中需要输入以下信息。

支付宝账户:××××××

真实姓名:×××

支付密码:××××××

确认支付密码:××××××

然后单击"确定激活支付宝账户"

知识链接

关于注册淘宝网账号和支付宝账号的常见问题

很多新手卖家经常被淘宝网和支付宝的各种账号问题搞得晕头转向,我们要厘清以下几个问题。

① 淘宝网是阿里巴巴旗下的网店系统平台,注册淘宝网账号主要是为了在淘宝网进行买卖。支付宝是阿里巴巴旗下的网银支付系统平台,用来实现交易资金的往来支付。

② 淘宝网账户和支付宝账户可以合二为一,即使用注册淘宝网账号的手机号码或者电子邮箱地址作为支付宝账户名,用淘宝网登录密码作为支付宝的登录密码,并且淘宝网账户和支付宝账户自动绑定在一起。

③ 每个人都可以注册多个淘宝网账户(用不同的手机号码或者邮箱地址),也可以注册多个支付宝账户(使用多个银行卡),但一个人只能开一个个人淘宝网店(和开店者的身份证号绑定,身份证号来自身份证认证或者银行卡中的身份证号)。若该身份证号已经绑定了网店,则不允许再开第二家网店。

④ 在淘宝网注册账户后,就可以在淘宝网购物。要想在淘宝网免费开店,不仅要注册淘宝网的账户,还需要有与该账户绑定的支付宝账户,支付宝账户要进行实名认证。

⑤ 淘宝网的账户对注册人没有年龄限制,但是支付宝账户对注册人的要求是年满18周岁。

6.2.3 开店认证

按照下列步骤完成开店认证。

一、支付宝实名认证

支付宝认证服务是由支付宝(中国)网络技术有限公司与公安部门联合推出的一项身份识别服务。支付宝认证除了核实用户的身份信息以外,还核实用户的银行账户等信息。通过支付宝认证后,用户相当于拥有了一张互联网身份证,可以在淘宝网等众多电子商务网站开店并出售商品。

支付宝实名认证的步骤如下。

① 首先在浏览器上搜索"支付宝",找到支付宝官网。用申请淘宝开店的手机号码注册支付宝账户,设置与淘宝账户登录密码相同的支付宝登录密码,在登录页面进行登录。

② 登录支付宝之后,可以选择个人账户或者是企业账户进行认证,这个根据实际情况选择即可。

③ 选择之后填写支付宝支付密码并确认,填写姓名、身份证号码,并勾选同意协议,进入下一步。

④ 接下来是支付方式的设置,输入姓名和身份证信息,以及银行卡卡号、手机号码,勾选同意协议并确定。

⑤ 然后正式进入实名认证的步骤,单击右上角的"立即认证"进行认证。首先填写自己

的真实姓名与身份证号码。填写完后单击"下一步",进入银行卡号的填写页面,按步骤填写完后单击"下一步"。

⑥ 接下来进入身份证件信息的验证步骤,根据支付宝的要求上传身份证正反面照片与要求的本人照片、联系地址以及其他信息,本人照片上传之后等待支付宝官方的审核。

⑦ 支付宝官方进行审核之后,支付宝实名认证也就完成了。

支付宝实名认证结束之后,用户就可以在淘宝上开店了。

二、淘宝身份信息认证

完成支付宝实名认证后,返回"卖家中心"的开店任务页面,进行淘宝身份信息认证。

淘宝身份信息认证需要提交一张手持身份证的正面头部照和一张上半身照。

注意:提交的2张照片要清晰,必须是认证资料中的本人持身份证拍摄,要求能看清身份证上的相关信息。如果照片不符合要求,系统会继续要求上传新的照片。提交照片后,其会在1个工作日内被审核,审核成功后,开网店的认证任务就完成了。

三、在线考试

在开店任务页面中,单击"开始考试"即可参加在线考试,免费开店的考试共20小题,每题5分。考试内容主要是淘宝网规则的有关内容,如果第一次考试未达到60分,可以继续参加开店考试,直至通过。

四、店铺设置

在"卖家中心"的"开店任务"之"店铺设置"栏目中单击"填写店铺信息",并填写如下信息。

店 铺 名 称:××××××
店 铺 标 志:××××××
店 铺 类 目:××××××
联 系 地 址:××××××
邮 政 编 码:××××××
店 铺 介 绍:××××××

其中,店铺名称需要在开店成功之后再进行修改。

学生在初期开设淘宝店铺时,需完成表6-3的填写。

表6-3 完成淘宝店铺初建

活动步骤	活动记录
注册淘宝网账户	打开淘宝网并完成注册:
激活支付宝账户	打开支付宝网站并完成注册:
开店认证	店铺认证 支付宝实名认证: 淘宝身份信息认证: 在线考试: 店铺设置:

学生根据创业项目,在淘宝网平台开设店铺。通过表 6-4 所示的淘宝网店铺初建评价表,对学生淘宝店铺初期建设情况进行评价。

表 6-4 淘宝店铺初建评价表

任务名称		团队名称		团队终评		
成员姓名		所属分工		个人终评		
评价内容		评价标准		配 分	分 值	创业导师建议
创业活动评价 (70%)	注册淘宝网账户	完成淘宝账户的注册		10 分		
	激活支付宝账户	能完成支付宝账户的激活		10 分		
	开店认证	能完成支付宝实名认证		10 分		
		能完成淘宝身份信息认证		10 分		
		能通过淘宝开店在线考试		10 分		
		能完成店铺设置		20 分		
创业素质评价 (30%)	人际交往能力	具有尊重他人意见,勇于承认错误,友善待人,善于倾听,真诚关心他人等素质		6 分		
	强烈的市场意识	有眼光,对市场供求信息反应迅速,大胆策划,周密计划		6 分		
	规避风险的能力	风险意识强,能规避风险,及时应对		6 分		
	学习能力	学习能力强,有创新精神		6 分		
	管理能力	拥有管理能力,即管理团队、管理项目的能力		6 分		
活动总体情况		总分		100 分		
		个人终评:85 分及以上为优秀,70~<85 分为良好,60~<70 分为及格,60 分以下要加油				

项目七
淘宝店铺

7.1 店铺定位

创业案例

当大多数大学毕业生为找工作而苦恼的时候,24岁的程某却找到了IBM(国际商业机器公司)的一份令人羡慕的工作。开始,她和大多数人一样,觉得在IBM这种国际大公司工作是最好的选择,然而在IBM工作三个月之后,她做出了辞职的决定,开始她的网络创业之路。目前,程某的网店经营得非常好,年营业额可达到1 200万元。此外,她还努力地学习了韩语,在韩国拥有了一家自己的公司。

任务概述

机会只留给有准备的人。开网店之前,需要做好各方面的准备。在了解店铺初建工作流程的基础上,接下来需要思考店铺的经营方向。从店铺的定位到货源的选择,每一步都对网店的经营起着至关重要的作用。

 **任务活动**

店铺定位是为了寻找目标市场及客户群体,更好地服务于这部分人群,舍弃不符合消费需求的产品,快速获取顾客,占领市场。定位准确后需要寻找合适的货源,只有优质的货源才能使店铺具有更高的竞争力。

7.1.1 寻找定位

淘宝网上有许多的店铺,所销售的产品众多,这就需要我们考虑好自己的店铺定位,制订开店的策略。

一、自身优势

可以先向自己提几个问题:我喜欢什么?我擅长什么?与别人比我的优势在哪里?我能投入的资金、人力、时间有多少?

二、"小而美"还是"大而全"

一般学生卖家在创业初期不要一味地追求"大而全",如果资金有限,可以先从代理网店入手,慢慢积累经验。

三、寻找市场中的空白

淘宝网上产品包罗万象,要试图找出市场中的空白。在淘宝网女装市场中,有这样一支学生团队,他们都是设计专业毕业的学生,不仅申请并创立了自己原创的女装品牌,同时利用自己设计专业的优势,将淘宝网店铺装修得非常独特。虽然产品定价并不低,但凭借独到的眼光和店铺文化吸引了大量的粉丝,产品销量惊人。

四、调研其他卖家

在淘宝网上无论经营何种类目,进行广泛的调研工作是经营的前提。相关产品的皇冠卖家,他们最好的产品销量是多少,这个指标可以作为创业者对该产品较为乐观的估计目标。分析提供该产品的卖家群,寻找他们的共同点和差异,然后确定属于自己的特色经营风格。

7.1.2 寻找货源

寻找到优质的货源是成功的一半,有竞争力的商品更加具有市场价值。前文中简单地提到过几种货物来源,在此我们有针对性地进行总结。

一、自身货源

自身货源最大的优点是不用考虑产品的积压。手工艺品或者亲友可以提供货源的产品不用进货,如自家种植的山核桃等土特产、自己手工制作的十字绣等。

二、厂家货源

厂家货源最大的优势是进价低,因为没有批发商参与中间环节。厂家货拿到市场上极有可能是独有的商品,比如很多厂家的外贸尾单。

三、批发市场

大部分初次开店的卖家会选择批发市场作为进货渠道。全国各地同种类的商品基本都有自己特定的批发市场。批发市场中产品品种繁多,如杭州的四季青女装批发市场。但是批发市场也有缺点,多了批发商的环节,进货的价格无法做到很低,所以即使把销量做上去了,仍会有卖家能以同样或更低的价格出售商品,容易引发价格上的恶意竞争。

四、阿里巴巴进货

阿里巴巴进货的主要优势在于便捷,不需要奔波。在阿里巴巴上批发进货,洽谈、付款、物流都非常方便。在阿里巴巴上进货可以使用支付宝付款,以保证货款的安全。大部分阿里巴巴供货商还能提供无水印产品照和产品的相关数据,免去了创业者拍摄修图、进行宝贝描述的繁重工作。

五、品牌代理商、经营商

品牌商品更容易被搜索到,如果能获取某个品牌商品的代理销售权,对于经营网店来说是一个优势。但网上品牌商品也存在劣势,卖家只有拿到较低的价格,才能更好地应对淘宝网日益激烈的竞争。

六、网店代理

网店代理是新手卖家熟悉淘宝网的最好方法之一,很多供货商会提供产品数据包以及一件代发货服务。卖家只需要申请好自己的店铺,略加装修就可以开始经营。网店代理也有不利之处,代理技术和资金门槛较低,同一商品往往有数不清的卖家在销售,同时供货商给淘宝网卖家的利润点也比较低。卖家未见过实物,对于买家的咨询也无法很好地解答。

七、订单制造

订单制造是很多卖家在经营到一定规模后转型的一个方法。根据网上买家的需求,到工厂下订单,然后在淘宝网上销售,这样就能做到价格优势。其劣势是需要买家订单积累到一定程度,再组织生产活动,同时订单的生产周期和产品发货时间会较长。

学生根据自己选择的创业项目,进行淘宝网店铺定位和寻找货源,并在表7-1中进行记录。

表 7-1 店铺定位活动记录表

活动步骤	活动记录
店铺定位	自己的优势： 挖掘的市场空白： 网店代理业务的调研心得： 网店卖家调研报告： 我的店铺定位描述：
寻找货源	我的货物来源：

根据创业项目进行店铺定位和寻找货源，通过表 7-2 所示的店铺定位评价表，对学生店铺定位活动进行评价。

表 7-2 店铺定位评价表

任务名称		团队名称		团队终评	
成员姓名		所属分工		个人终评	
评价内容		评价标准	配 分	分 值	创业导师建议
创业活动评价（70%）	店铺定位	分析自己的优势	10 分		
		挖掘市场空白	10 分		
		总结网店代理业务的调研心得	10 分		
		提交网店卖家调研报告	10 分		
		描述店铺定位	10 分		
	寻找货源	寻找货物来源	20 分		
创业素质评价（30%）	人际交往能力	尊重他人意见，勇于承认错误，友善待人，善于倾听	6 分		
	强烈的市场意识	有眼光，对市场供求信息反应迅速，大胆策划，周密计划	6 分		
	规避风险能力	风险意识强，能规避风险，及时应对	6 分		
	学习能力	学习能力强，有创新精神	6 分		
	管理能力	拥有管理能力，即管理团队、管理项目的能力	6 分		
		总分	100 分		
活动总体情况		个人终评：85 分及以上为优秀，70～<85 分为良好，60～<70 分为及格，60 分以下要加油			

项目七 淘宝店铺

7.2 装修店铺

 **创业案例**

对于网店来讲,一个好的店铺设计至关重要,正所谓"三分长相七分打扮"。网店的页面就像是店铺的销售员,可让买家从视觉和心理上感受店铺的形象,通过店铺的形象来了解卖家和商品。所以,一个好的店铺设计能够增加买家的信任感。

近几年,视觉营销理念不断地被引入淘宝网店的经营中,对淘宝网店来说,最基础、最重要的视觉营销就是网店的装修。网店装修的精致程度在很大程度上影响了买家的购买决定。因此,职业网店装修师应运而生,他们利用网页制作软件,通过精美的图片、直观的flash动画、奇幻的灯光、个性化的背景音乐对网店进行设计,以打造具有视觉冲击的店铺招牌、方便的商品筛选功能、醒目的促销活动入口,从而使网店更具吸引力,方便买家浏览和选购商品。

 **任务概述**

店铺的装修需要整合营销理念、网页美工技术,还要了解淘宝店铺的装修要求。在本节中,我们将探讨如何定位店铺的设计风格,如何利用软件来进行店标的设计。

 **任务活动**

店铺装修就是在网店平台允许的结构范围内,尽量通过图片、程序模块等让店铺更加美观,具体包括确定店铺风格、设计店标等。

7.2.1 确定店铺风格

针对不同的消费群体有不同的主题模板,一般来说插画、时尚可爱、桃心、花边等风格适合女装类店铺,而黑白搭配、有金属质感的设计风格更适合男装店铺。毋庸置疑,童装店铺适合卡通风格。另外要注意合理使用色彩。除了风格,色彩的选择也很重要。店铺选择合适的色彩不但可以提高顾客的购买力,同时可以提高商品的水准。一般来说暖色系是很容易让人有亲近感的色系,例如红色、黄色等,比较适合针对年轻阶层的店铺。在同色系中,粉红、鲜红、鹅黄色等是女性喜欢的色彩,较适合妇女用品店及婴幼儿服饰店等产品华丽的高级店铺。寒色系让人有端庄肃穆的感觉,适合高档商务男装店铺使用。在夏季使用寒色系,可以让人产生清凉感。韩都衣舍和江南先生旗舰店装修的风格分别见图7-1、图7-2。

图 7-1 韩都衣舍装修的风格

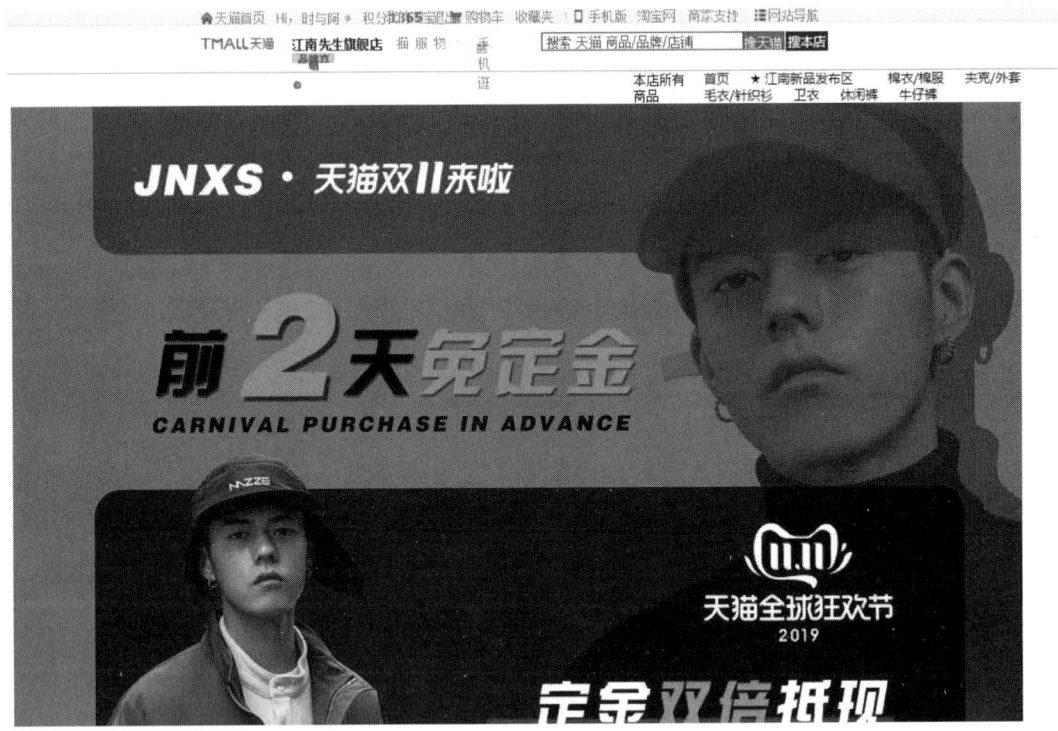

图 7-2 江南先生旗舰店装修的风格

7.2.2 设计店标

店标不仅是识别店铺的工具,也是提高店铺知名度的一种手段。在设计上,店标的图案要与店铺名称呼应,简洁醒目,易于人们理解和记忆。同时店标还要风格鲜明,具有独特的外观和出奇制胜的视觉效果,能对消费者产生感染力,给顾客带来赏心悦目的感觉。许多小店铺在店标的设计上过于随意,其线条繁杂曲折,让人眼花缭乱,非常不利于发挥店标的作用。因此,在设计店标时要贯彻简洁、鲜明的原则,巧妙地使点、线、面、体和色彩结合起来,以达到预期的效果。

店标可用来表达店铺的独特个性,消费者通过店标可以识别出该店铺独特的品质、风格和经营理念。因此,店标的设计必须别出心裁,富有特色、个性鲜明,创造一种引人入胜的视觉效果。

店标的设计应与店铺经营的商品相和谐,并与店铺的装修风格和主题色保持统一。对于不同的网店,其主题不同,所用的色调也有所不同。例如,幸福的主题最好使用暖色调来表现,这样给人的视觉感受会很舒服。

一、店招

店招指的就是店铺招牌,淘宝网上所指的店招其实是虚拟店铺的招牌,位于店铺第一屏中最为醒目的位置,其重要程度不言而喻。店招需体现店铺名称、店铺文化、所属行业、店铺产品的专业性等信息,见图 7-3。

图 7-3 网店的店招

目前淘宝网店招有一定的规则限制,具体如下。

- 大小:100 KB 之内。
- 高度:100~150 像素(扶植版、标准版);0~200 像素(拓展版、旗舰版)。
- 宽度:950 像素。
- 图片格式:.jpg、.gif。

网店店招传达的信息要有以下几个特性:如图 7-3(a)所示,店铺直接将关键词罗列在店招上,顾客进入店铺后可清晰地了解店铺经营范畴,其所售商品包括文具、礼品等,这就是店招想要传达的信息,简短、明确。

任何设计都带有目的性：电影海报是为了吸引观众走进影院；宣传单是为了推广店面；全场特卖横幅是为了让消费者去购买商品。淘宝网的店招设计当然也不例外。好的店招能够强调品牌的价值与意义，并准确地将其传达给买家，能够彰显店铺的专业性和权威性。

二、自定义内容区

在此店铺卖家可自由地输入文字、插入图片。此区域常被用来展示新品信息、促销商品信息与发布店铺活动信息等。

三、掌柜推荐宝贝

"掌柜推荐宝贝"模块是旺铺的功能模块之一，卖家可手动推荐宝贝，展示想要推广的商品。

进入装修系统，添加"掌柜推荐宝贝"模块的步骤如下。

第一步：打开"推荐宝贝"。

第二步：找到"在此处添加新模块"。

第三步：在弹出的选项框中找到"掌柜推荐宝贝"模块，并单击页面右方的"添加"钮，返回装修页面，便能看到店铺内已经添加了"掌柜推荐宝贝"模块。将鼠标放到友情链接区域，便可看到3个按钮，分别是"编辑""向上向下""删除"按钮。

- 单击"编辑"按钮，便可对"掌柜推荐宝贝"模块进行编辑操作。
- 单击"向上向下"按钮，便可对"掌柜推荐宝贝"模块所在店铺的位置区域加以调整、更改，单击"向上"表示模块向前一位，单击"向下"表示模块后退一位。
- 单击"删除"按钮则代表删除"掌柜推荐宝贝"模块（如果删除模块后又想将其重新添加，则重新按照前面的步骤添加即可）。

第四步：单击"编辑"按钮后会跳转到"掌柜推荐"页面，在这里有两部分内容，一个是"推荐宝贝"，另一个是"显示设置"，掌柜已经上传的宝贝图片都将出现在左列，掌柜只要单击"推荐"按钮，即可对上传的宝贝进行推荐操作。已推荐的宝贝会出现在右列，如果掌柜想让已推荐的宝贝不再出现在此区域，还可对宝贝进行删除操作，只需单击右列的"删除"按钮即可。

7.2.3 订购旺铺

单击"卖家中心"的"卖家服务市场"，在左侧店铺基础服务中选择旺铺。目前淘宝网提供以下几种付费旺铺。

一、旺铺扶植版

旺铺扶植版是针对从未使用过旺铺的新开店卖家开设的旺铺版本，1钻以下卖家都可免费试用。旺铺扶植版可进行基础的旺铺装修，满足新开店卖家的店铺装修需求。

当店铺升级到1钻时，将无法继续使用旺铺扶植版，将恢复到最原始的普通店铺样式。

想要回到旺铺扶植版面,则需根据实际需要购买旺铺收费版本。

二、旺铺虚拟版

旺铺虚拟版是针对虚拟卖家和淘宝网充值平台卖家量身定做的旺铺版本,除了满足卖家基本装修需求之外,还提供了虚拟行业专享特色功能。

旺铺虚拟版免费送3套装修模板,无须另外购买模板,为不懂装修和想轻松装修的卖家实现一键安装。

三、旺铺标准版

旺铺标准版是淘宝网排名第一的官方工具,是针对淘宝网初级新手卖家开设的旺铺版本。旺铺标准版具有较为全面的装修功能,几乎可以满足卖家所有的装修需求。

旺铺标准版有多个自定义内容区:可强化图片轮播功能;可装修宝贝详情页和宝贝列表页;可自主添加6个全新页面;可备份后设计新页面,更方便地进行导入和导出,让新页面不再意外丢失。

旺铺标准版还有宝贝大图展示、自动分类、手机旺铺等功能。

四、旺铺拓展版

旺铺拓展版拥有统一模板,可进行高效配置,呈现自由多变的个性布局,适合希望尽快提升店铺品质的卖家和中高级卖家,其功能全面,包括增强的页头、页尾设计,灵活的页面布局管理,增强的自定义功能,以及更多店铺功能,囊括最完整的装修解决方案。

五、旺铺旗舰版

旺铺旗舰版适合日单在15单以上,或者有经营团队的卖家,它不仅是一个装修工具,还是一个店铺经营助手。它可以提高店铺转化率,维系老用户,减少人员管理成本,如果店主准备在店铺加大投入、完善管理,它可提供一整套服务方案。

学生将店铺装修活动过程进行记录,完成表7-3的填写。

表7-3 店铺装修活动记录表

活动步骤	活动记录
确定店铺风格	店铺调色风格: 通过以下元素实现风格:
设计店标	店标设计效果图:
装修扶植版旺铺	店铺首页截图:

学生进行店铺装修活动,包括确定店铺风格、设计店标、装修店铺等,通过表7-4所示的店铺装修活动评价表,对学生店铺装修情况进行评价。

表 7-4 店铺装修活动评价表

任务名称		团队名称		团队终评		
成员姓名		所属分工		个人终评		
评价内容		评价标准	配 分	分 值	创业导师建议	
创业活动评价（70%）	确定店铺风格	能设计和谐统一的店铺风格，有一定特色，对店铺交易有促进作用	10分			
	设计店标	店标符合要求，新颖且有吸引力	10分			
	装修扶植版旺铺	提交网店卖家调研报告	15分			
		描述店铺定位	15分			
		寻找货物来源	20分			
创业素质评价（30%）	人际交往能力	尊重他人意见，勇于承认错误，友善待人，善于倾听	6分			
	强烈的市场意识	有眼光，对市场供求信息反应迅速，大胆策划，周密计划	6分			
	规避风险能力	风险意识强，能规避风险，及时应对	6分			
	学习能力	善于学习，学习能力强，有创新精神	6分			
	管理能力	拥有管理能力，即管理团队、管理项目的能力	6分			
活动总体情况		总分	100分			
		个人终评：85分及以上为优秀，70～<85分为良好，60～<70分为及格，60分以下要加油				

7.3 淘宝网工具

 **创业案例**

小十是淘宝网众多掌柜中的一员,在淘宝网开店两年多。从最初的门可罗雀,到现在忙碌的两钻卖家,一路走来,她觉得最重要的是服务与沟通。在她的"阿里旺旺"好友名单中,有很多是曾经来店消费并慢慢成为朋友的买家。每次上新品或促销时,她都会把最新信息作为自己的旺旺签名。她在旺旺中的可爱头像,也成为众多买家评论的热点。

 **任务概述**

淘宝网提供了很多专业软件用于卖家服务,本章的任务是完成2个工具的下载并安装,一个是通信必备的"阿里旺旺",另一个是"淘助理"。

 **任务活动**

"阿里旺旺"是免费的网上商务沟通软件,可以帮助用户轻松找客户,发布、管理商业信息,及时把握商机,随时洽谈生意,简洁方便。"淘助理"是一个功能强大的客户端工具软件,能够直接编辑宝贝信息,快捷批量上传宝贝信息,并提供方便的管理界面。

7.3.1 下载并安装"阿里旺旺"

一、"阿里旺旺"的功能

1. 广交好友

淘宝网拥有数以亿计的会员,用户可以通过"阿里旺旺",从中寻找感兴趣的人,交朋友、谈买卖,及时又方便。查找的方式有两种:一是直接输入会员名查找;二是按关键字查找相关的人。

2. 买卖沟通

"阿里旺旺"为买卖双方提供以下几种沟通方式:即时文字交流、语音聊天、视频聊天。这样可以使买卖双方的沟通更高效,交易更容易达成。

3. 创建"阿里旺旺群"

用户可以通过"阿里旺旺"创建"阿里旺旺群"。该群是一个多人交流空间,可以帮助用户扩大关系圈。对于卖家,可通过群公告及时推广最新宝贝信息;对于买家,可在群中迅速获得感兴趣的宝贝信息等。

4. 交易工具

"阿里旺旺"可作为交易工具,具体功能页面如图7-4所示。

图7-4 "阿里旺旺"交易管理功能截图

5. 文件传输

"阿里旺旺"可以传输超大文件,且安全。与其他即时聊天工具相比,"阿里旺旺"传输容量大,传输速度也更快。

二、下载"阿里旺旺"的步骤

① 打开淘宝网,单击首页右上方的"我的淘宝",选择页面顶部的"阿里旺旺"。
② 进入"阿里旺旺"下载页面。
③ 选择简体版或繁体版的阿里旺旺进行下载。

"阿里旺旺"是将原先的"淘宝旺旺"与"阿里巴巴贸易通"整合在一起的新品牌,是淘宝网和阿里巴巴为商人量身定做的免费网上商务沟通软件。

"阿里旺旺"分为"阿里旺旺(淘宝版)""阿里旺旺(贸易通版)""阿里旺旺(口碑网版)"3个版本,这3个版本之间支持用户互通交流,但是,如果想同时使用与淘宝网站和阿里巴巴中文站相关的功能,需要同时启动淘宝版和贸易通版。目前需要用贸易通账号登录"阿里旺旺(贸易通版)",用淘宝账号登录"阿里旺旺(淘宝版)",用口碑网账号登录"阿里旺旺(口碑版)"。

"阿里旺旺(贸易通版)"是贸易通的升级版本,在贸易通的基础上,新增了群、和"阿里旺旺(口碑版)""阿里旺旺(淘宝版)"用户互通聊天、动态表情、截屏发图等新功能,贸易通用户可以用原来的用户名直接登录"阿里旺旺(贸易通版)"。

7.3.2　下载并安装"淘宝助理"

"淘宝助理"是一款免费客户端工具软件，可以在不登录淘宝网的情况下直接编辑宝贝信息，快捷、批量地上传宝贝信息。

一、下载"淘宝助理"的步骤

① 在淘宝网首页，单击页面左侧的"淘宝服务"，选择"更多"，进入"淘宝服务"。
② 在"卖家服务"栏，选择"淘宝助理"，进入下载页面。
③ 下载完成，安装即可。

二、"淘宝助理"的使用方法

① 首先登录"淘宝助理"，登录"淘宝助理"的账号和密码就是淘宝的账号和密码，如图 7-5 所示。

图 7-5　登录页面

② 在进入默认页面后，第一个栏目显示的是"我的助理"页面，在这个页面中可以看到出售中的宝贝、本地库存宝贝以及订单管理状态，比如待发货订单、待评价订单、退款中订单等，直接单击"宝贝管理"，如图 7-6 所示。

③ 在宝贝管理中，共有 5 种状态的宝贝，如图 7-7 所示。第一个是本地库存宝贝。本地库存宝贝是储存在"淘宝助理"里面的库存宝贝，即在网页版的卖家中心中是找不到的。这个"本地"指的就是"淘宝助理"这个软件。第二个是出售中的宝贝，这里面的宝贝信息和网页版的卖家中心出售中的宝贝信息是一致的。第三个是线上仓库中的宝贝，这个和卖家中心中线上仓库的宝贝是一致的。一般我们把出售中的宝贝下架之后，宝贝就会默认进入线上仓库，可以随时进入线上仓库上架宝贝。第四个是回收站，储存的是本地库存宝贝或者宝

贝模板中已经删除的宝贝。第五个是宝贝模板,模板的意思大家都知道,建立一个宝贝样板,比如上架的所有宝贝运费模板和宝贝类目,还有所在地等信息都是一样的,我们就可以建立一个模板。设置好宝贝类目及运费等信息之后,新建宝贝的时候直接使用模板即可。

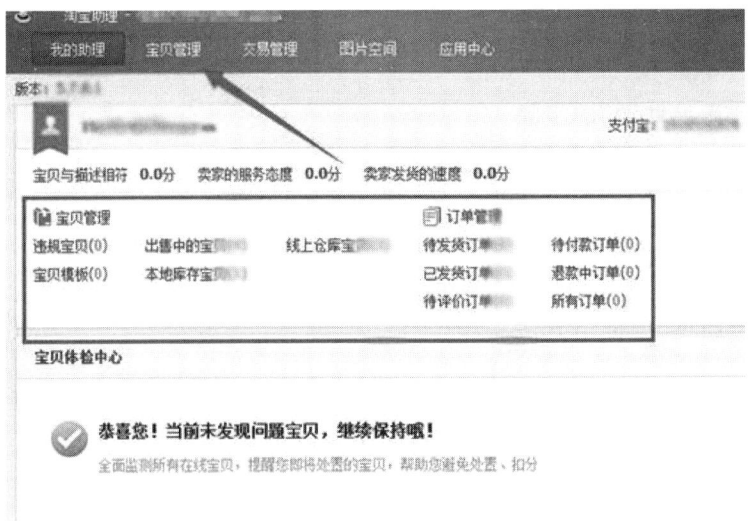

图 7-6 "我的助理"页面

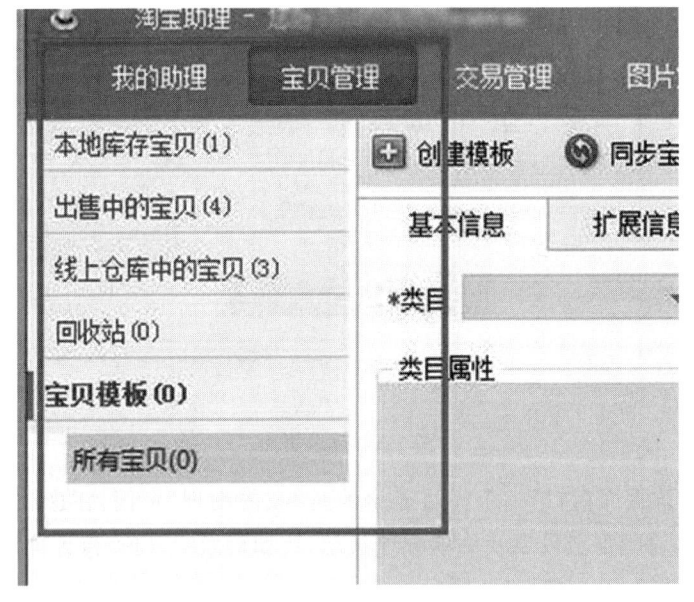

图 7-7 "宝贝管理"页面

④ 开始上架宝贝,单击"创建宝贝",注意是在本地库存宝贝中创建宝贝,如图7-8所示。

⑤ 编辑页面信息需要填写的内容和网页版差不多,如图7-9所示,首先选择"类目",然后把宝贝属性填写完整,输入宝贝标题、宝贝卖点,设置上架方式,填写所在地和运费模板,勾选宝贝分类。宝贝分类就是在卖家中心后台商家自己设置的宝贝分类,"淘宝助理"会同

步分类。上传宝贝图片,这里的宝贝价格和数量不需要填写,在后面设置销售属性的时候会填写。

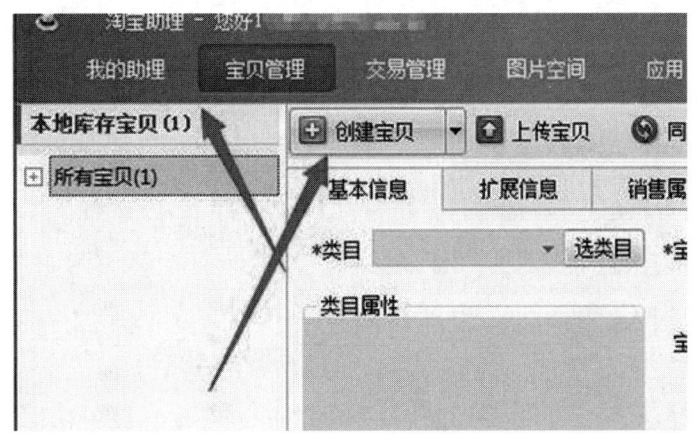

图 7-8 创建宝贝

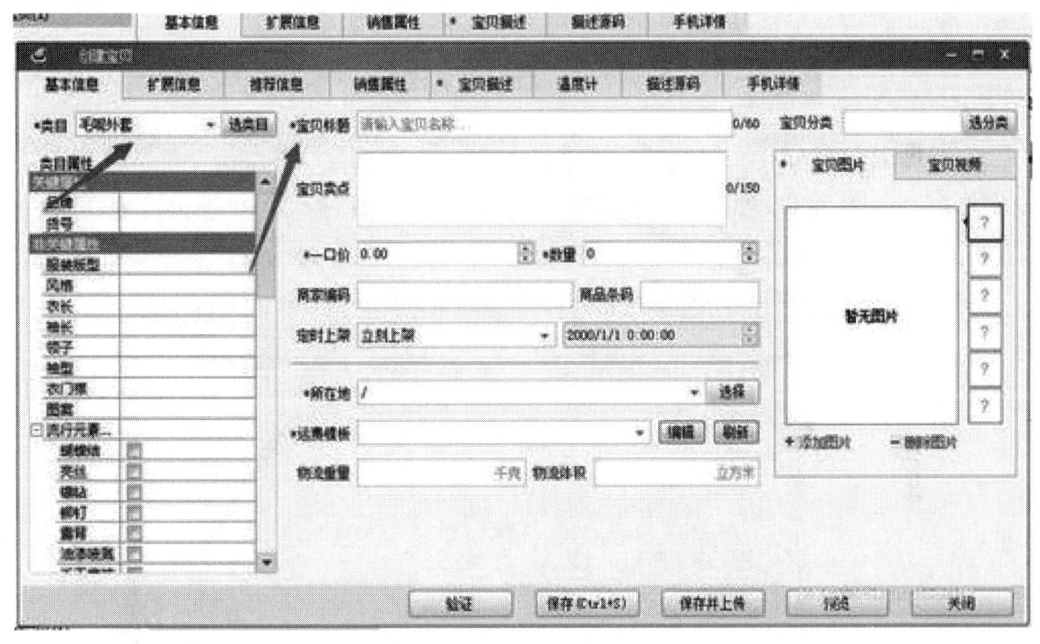

图 7-9 基本信息页面

⑥ 单击"销售属性",首先选择宝贝的颜色分类,在对应颜色前面勾选,如果没有对应的颜色,勾选后面的"添加自定义颜色",输入相应的颜色名称即可。勾选宝贝尺码,在上方输入一口价,单击"填充",输入数量后再单击"填充"。如果宝贝颜色有图片,可以上传相应图片,把一口价和数量填充完毕之后,单击"保存",如图 7-10 所示。在之前的基本信息页面,宝贝的价格和数量会自动显示出来。

⑦ 单击"宝贝描述",上传本地图片或者图片空间图片,编辑好宝贝描述信息,如图 7-11 所示。

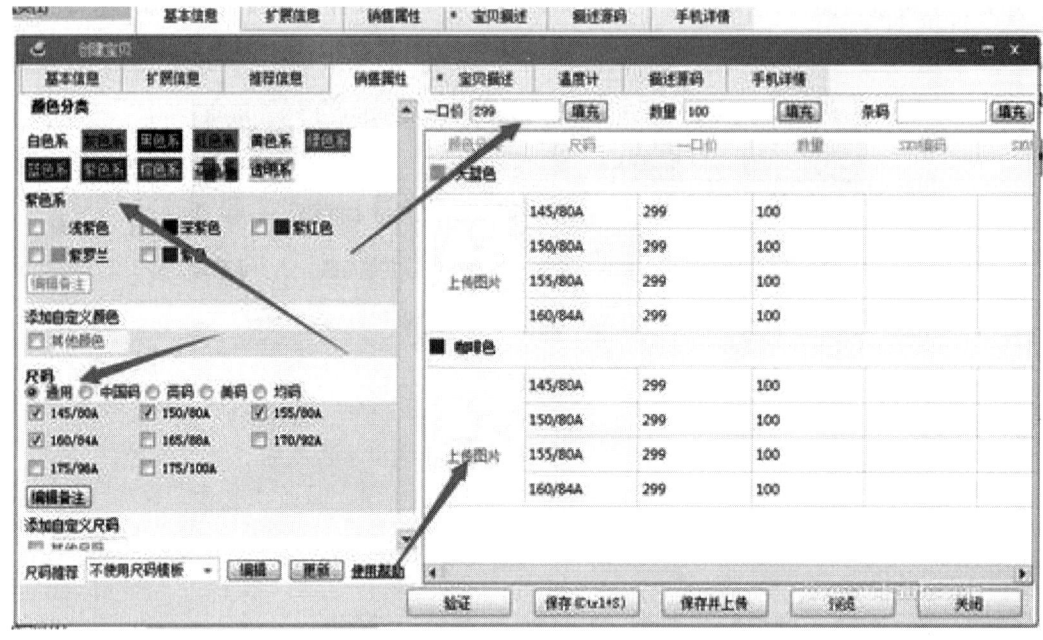

图 7-10 销售属性页面

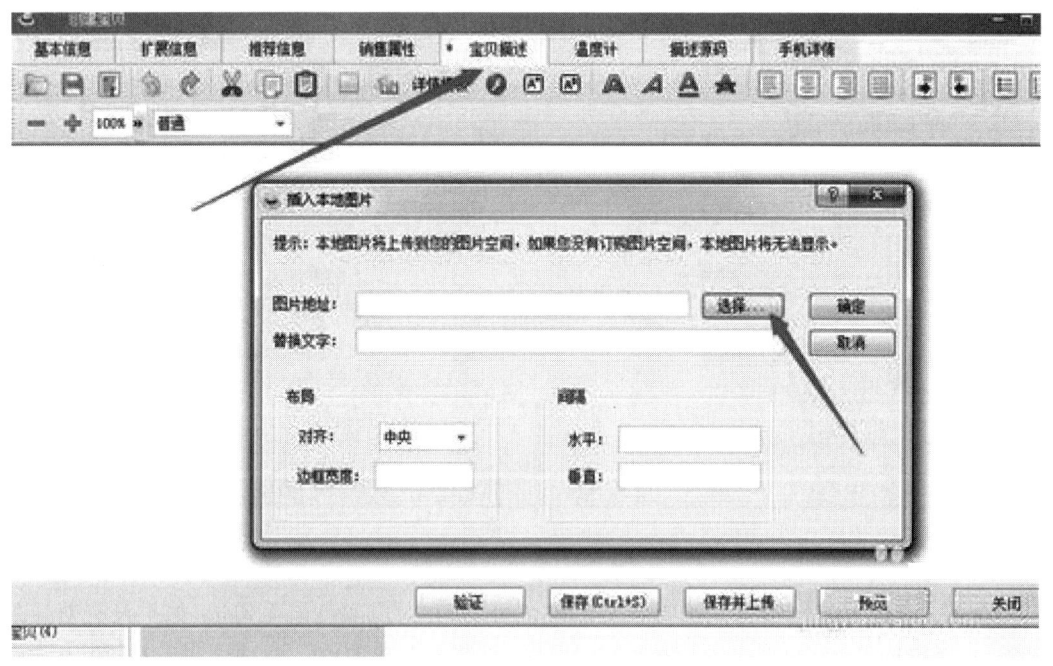

图 7-11 宝贝描述页面

⑧ 单击"手机详情",单击"一键适配"后面的小符号,然后单击"导入",即可导入网页详情,如图 7-12 所示。

⑨ 网页详情导入之后图片的大小不能适应手机端,所以我们再次单击"一键适配",让图片大小自动适应手机端,如图 7-13 所示。

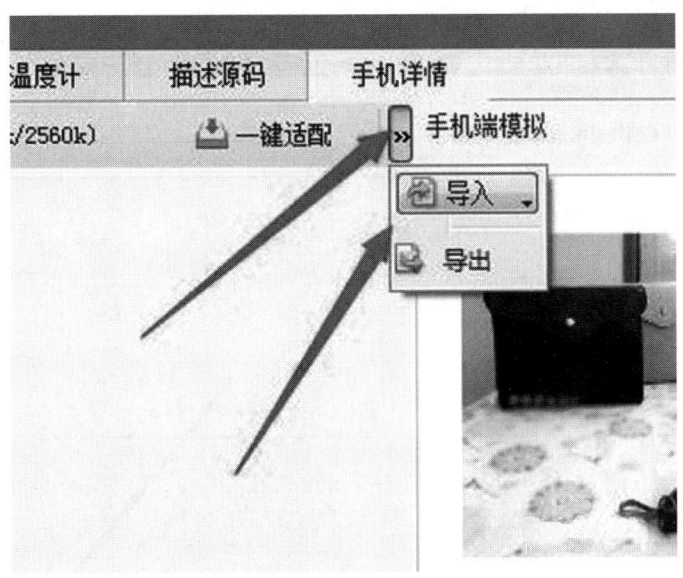

图 7-12 手机详情页面

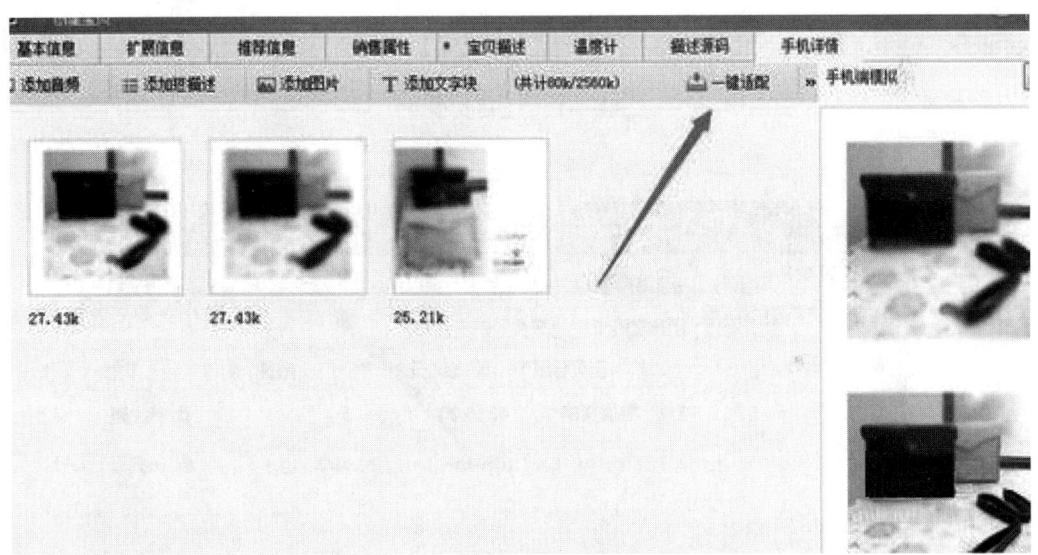

图 7-13 一键适配

⑩ 设置好后单击"保存并上传",然后单击"上传"即可,等到显示上传成功就完成了,如图 7-14 所示。

三、注意事项

① 同步宝贝。当在网页版卖家中心删除宝贝或者下架宝贝,又或者上架宝贝的时候,登录"淘宝助理","淘宝助理"是不会自动同步的,需要单击"同步宝贝"。这个和刷新网页差不多,同步之后"淘宝助理"的宝贝信息就和网页版一模一样了,如图 7-15 所示。

电商创业

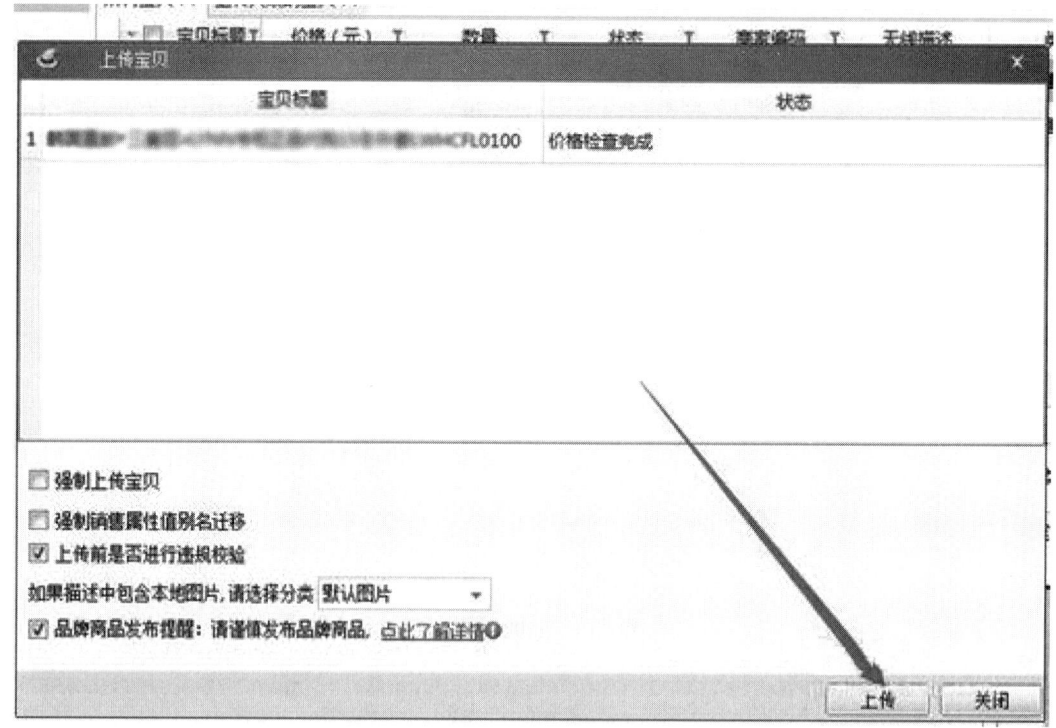

图 7-14　上传页面

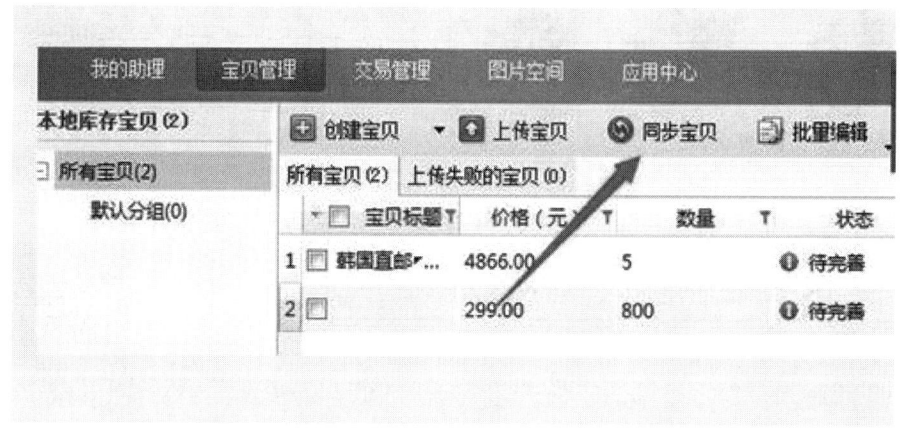

图 7-15　同步宝贝页面

② 导入 CSV 和导出 CSV。CSV 是"淘宝助理"特有的文件类型，就是宝贝文件。比如，有些卖家用的是代理商给的数据包，代理商的数据包格式是 CSV 类型的。进入"淘宝助理"，单击"导入 CSV"，选择代理商给的文件数据包，宝贝就会导入"淘宝助理"，同理"淘宝助理"的宝贝也可以勾选之后导出 CSV 文件，见图 7-16。

③ 批量编辑宝贝。"淘宝助理"特有的一种功能，就是可以批量编辑宝贝的标题、数量、价格、快递信息、分类等，如图 7-17 所示。比如，某些代购店铺宝贝的标题前面需要一样的文字信息，可以选择批量编辑标题并进行修改，可大大地提高工作效率。

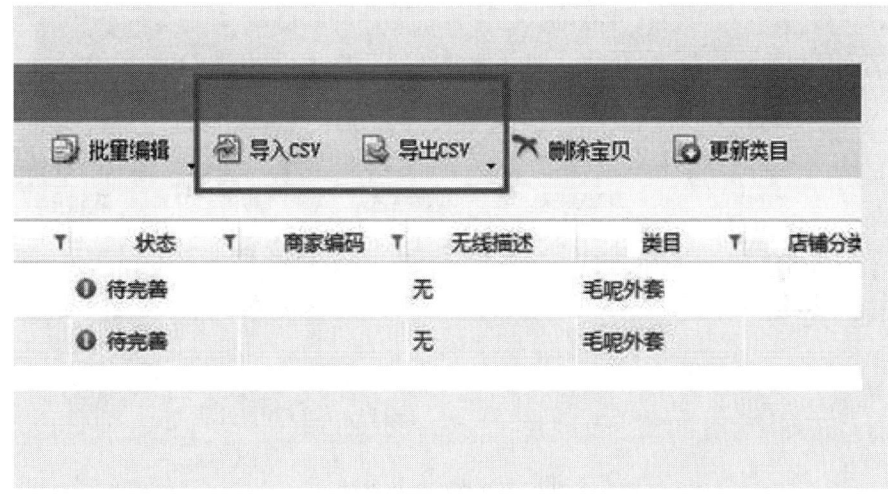

图 7-16 导入 CSV 与导出 CSV

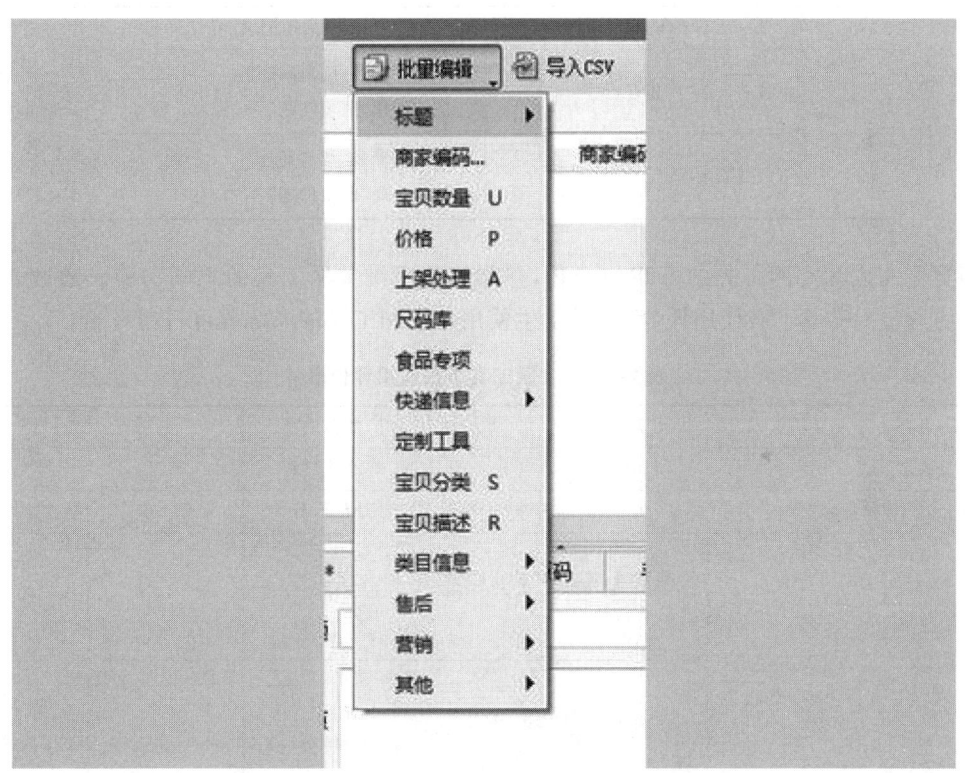

图 7-17 批量编辑

④ 删除宝贝。"淘宝助理"只能删除本地库存宝贝和宝贝模板,出售中的宝贝和线上仓库中的宝贝需要进入网页版卖家中心才能删除,如图 7-18 所示。

学生进行"阿里旺旺"和"淘宝助理"软件的下载与安装,尝试使用,熟悉软件功能,并填写表 7-5。

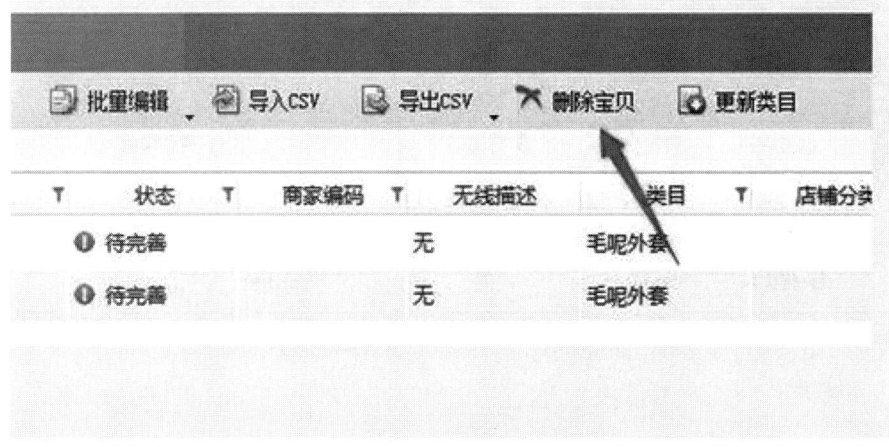

图 7-18　删除宝贝页面

表 7-5　淘宝网工具下载使用记录表

活动步骤	活动记录
下载并安装"阿里旺旺"	下载并安装"阿里旺旺"： 熟练使用"阿里旺旺"：
下载并安装"淘宝助理"	下载并安装"淘宝助理"： 熟练使用"淘宝助理"：

学生完成淘宝网工具的下载与安装，并熟练使用淘宝网工具的不同功能。通过表 7-6 所示的淘宝网工具下载使用评价表，对学生使用淘宝网工具的熟练程度进行评价。

表 7-6　淘宝网工具下载使用评价表

任务名称		团队名称		团队终评		
成员姓名		所属分工		个人终评		
评价内容		评价标准	配　分	分　值	创业导师建议	
创业活动评价（70%）	下载并使用"阿里旺旺"	能熟练通过"阿里旺旺"与客户进行沟通	20 分			
		能利用"阿里旺旺"快速入口进入淘宝网管理功能页面	10 分			
	下载并使用"淘宝助理"	能利用"淘宝助理"导入和导出数据包	20 分			
		宝贝模板编辑正确、完善	20 分			

续表

评价内容		评价标准	配 分	分 值	创业导师建议
创业素质评价（30%）	人际交往能力	尊重他人意见,勇于承认错误,友善待人,善于倾听	6分		
	强烈的市场意识	有眼光,对市场供求信息反应迅速,大胆策划,周密计划	6分		
	规避风险能力	风险意识强,能规避风险,及时应对	6分		
	学习能力	学习能力强,有创新精神	6分		
	管理能力	拥有管理能力,即管理团队、管理项目的能力	6分		
		总分	100分		
活动总体情况		个人终评:85分及以上为优秀,70～<85分为良好,60～<70分为及格,60分以下要加油			

项目八
筛选商品

创业案例

　　翟某成立了专门为淘宝网商铺提供实物拍摄服务的网拍公司,位于重庆市沙坪坝三峡广场一栋高层写字楼里,面积为100平方米,包含摄影部、后期制作部、业务部3个核心部门。

　　2010年11月,经朋友介绍,某个在淘宝网上卖鞋子的老板找到翟某,想请他为店里的鞋子拍实物照片。该老板很重视实物照片的美观度,所以希望和专业的摄影工作室进行合作。虽然翟某通过这次合作只赚了两三千元钱,却让他嗅到了网拍的商机。网拍的收费情况如何呢? 一般是按照图片数量收费。淘宝网店铺需要大量实物照片增加人气,因此一单生意都会在1000元以上。由专业摄影师拍摄的实物照片质量有保证,所以公司渐渐地有了名气,生意也越来越好。翟某透露,2011年公司的收入超过了50万元。

　　规模较大的网拍公司主要面对皇冠级商户,这类商户对摄影和后期制作的质量要求较高。翟某说:"重庆5万多个淘宝网店铺,做到皇冠级的至少有数百家,这些都是潜在客户,只要能抓住他们的需求,就不愁业务。"除了大量新出现的淘宝网店铺有网拍需求外,正在经营的淘宝网店铺也需要不断地更新实物图片,这些都令网拍市场的前景更加广阔。

　　近年来,淘宝网交易额呈几何式增长,淘宝网的火爆更是催生了一批相关职业,网拍族便是其中之一。给淘宝网店铺进行实物网拍的创业者,如今已成为电子商务产业链上的成功掘金者。

网拍和网模职业在电子商务产业链上的崛起,背后折射出的是网店对商品图片日益追求完善的需求。

任务概述

本章的任务是进行创业产品筛选。

任务活动

根据市场的变化,筛选出适合自己的产品,并做分析。

一、商品的选择依据

适合网上创业的商品主要包括 3 类:信息类商品、服务类商品和物品类商品。

1. 信息类商品

信息类商品尤其适合互联网创业。在互联网时代,数据和信息是海量的,从海量的数据和信息里提炼出有价值的、精准的信息是可以有偿交付的,也就构成了互联网创业的商品。

比如口腔医院的网络推广成效数据报表(图 8-1),对于口腔医疗行业来说就是非常有价值的信息。

	推广数据					商务通全部对话				商务通预约			预约数据				就诊数据	
	销售	展现	点击	点击率	均价	总对话	一般	较好	最佳	百度	搜狗	360	商务通	电话	在线QQ	总预约	预计数诊	实际就诊总数
当月汇总数据	162542	1790062	28186	1.57%	5.8	1299	331	565	403	209	11	9	229	106	15	350	345	191
1-7号汇总数据	38409	301121	6753	2.24%	5.7	323	87	134	122	65	0	3	68	19	1	88	65	39
8-15号汇总数据	44678	495869	7605	1.53%	5.9	349	89	161	99	49	4	2	55	24	3	82	90	48
16-22号汇总数据	37104	455966	6114	1.34%	6.1	292	80	131	81	40	3	1	46	30	5	81	92	49
23-31号汇总数据	42350	537106	7714	1.44%	5.5	335	95	139	101	55	4	1	60	33	6	98	98	55

图 8-1 口腔医院的网络推广成效数据报表

通过图 8-1 中一个月的数据,可以分析出当月总的广告投放金额,以及产生的成交量。通过一年的数据,便可以掌握整个细分行业的互联网营销和推广的投入产出情况。此类数据对于同行业数据分析或者对于想从事本行业的人员都具有较高的价值。

2. 服务类商品

服务类商品包括可以通过网络交付的服务和只能通过线下交付的服务。对于网上创业,选择得更多的是通过网络就能交付的服务,比如,帮助某个企业开展互联网营销和推广,或者利用 360 技术服务平台为网民提供计算机维修和问题诊断服务,或者给电商企业提供商品拍照、作图和上线的服务。这些都是适合网上创业的服务类商品。帮助企业在百度上做的网络广告投放和使用建站技术帮助企业做的网站如图 8-2 所示。

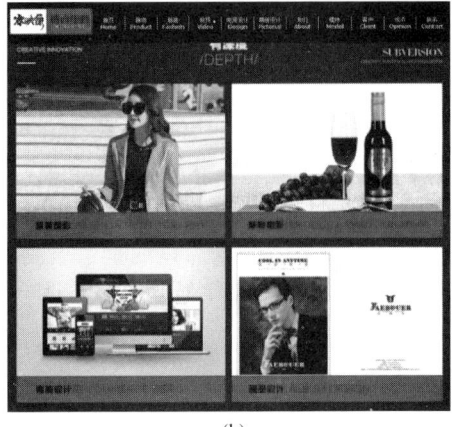

(a)　　　　　　　　　　　　　　　　(b)

图 8-2　帮助企业在百度上做的网络广告投放和使用建站技术帮助企业做的网站

3. 物品类商品

物品类商品主要是通过电商等渠道销售出去的实物商品,比如吃、穿、用的商品等均为物品类商品(图 8-3);同时也包括虚拟的商品,比如电影票、优惠券等网络虚拟商品(图 8-4),这些商品同样适合网上创业。

图 8-3　利用京东平台把各地特产销售出去

图 8-4　利用京东平台销售景点的门票

4. 商品的选择

选择商品时,应该综合考虑商品的价格、产地、是否易于配送、消费群体等因素,选择有个性的、适于网上创业的商品。

① 选择受欢迎的商品品类,即需求量大的商品。在网上进行创业时,首先需要了解目前各品类商品的销售情况,2013—2015 年网购用户购买商品品类分布如图 8-5 所示,通过该图可以清晰地看出消费者感兴趣的商品品类,这是消费者需求的明确体现。当创业者不知道选择哪种类型的商品在网上销售时,不妨选择受消费者欢迎的商品,再配合适当的营销推广,相信会有不错的成绩。

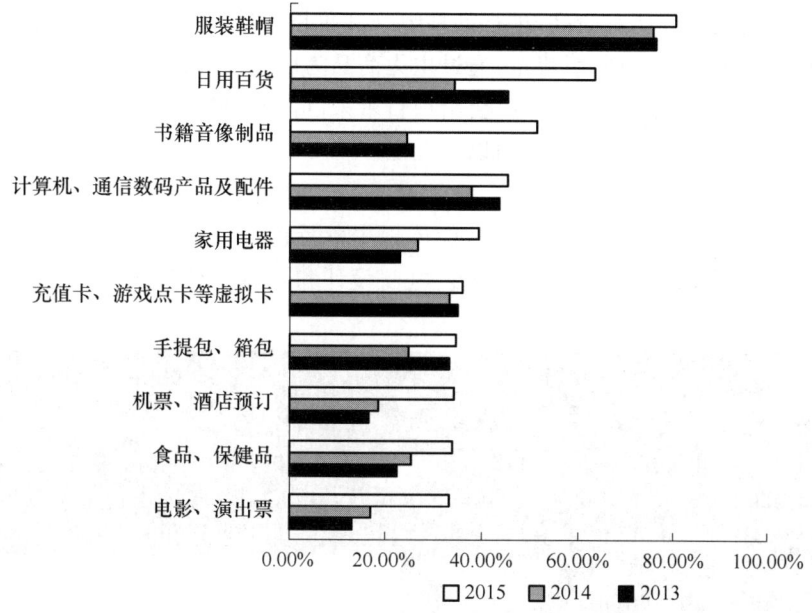

图 8-5 2013—2015 年网购用户购买商品品类分布

② 分析消费人群。一定可以明确找到选择商品的主流消费群体,也就是客户,并且需要确保客户群体足够大。

③ 商品的价格优势。通过互联网创业可以实现时间和空间方面的大量节约,也就可以给客户提供更高质量、更低价格的商品,这是电商的竞争力所在。

④ 商品易于配送。例如,食用油和饮料一直都不是电商所喜欢的产品,因为物流配送费用太高,会导致成交困难。

⑤ 线下没有,只有网上才能买到。在互联网时代,即便是线下有的,客户也越来越倾向于在网上购买,所以需要尽可能地把互联网利用好,让客户便利地进行购买。

⑥ 商品需要具有特殊价值,区别于传统零售商品:避免选择在超市、市场随处可见的商品。在选择商品时,尽量选择具有特殊价值,或者有个性、有创意的商品。例如,在超市中售卖的蜂蜜通常是普通的蜂蜜,转移到网上售销时很难吸引用户,也难以做到低价。但是有些商家选择售卖"野藏红花蜂蜜",并宣传该蜂蜜特殊的保健作用,虽然价格超出超市好几倍,但销量却很好,这就是抓住了消费者保健的心理。

⑦ 商品必须能通过文字、图片描述清楚。在互联网上推广商品时,需要用文字和图片来进行描述,因此选择的一定要是能用文字和图片描述清晰的商品。

⑧ 质量容易控制的商品。商品质量是互联网时代的生命力,只有商品拥有好的品质,网店才会有好的未来。

综上所述,在互联网上创业,选择商品时,创业者要选择自己熟悉的商品,选择有特殊价值、有优势货源、有价格优势、方便配送的商品。当有多种商品可选时,应该分别列出优劣势清单,比较后再进行选择。

二、商品的组合类型

在实际的商品推广和运营过程中,需要通过对商品进行组合,实现效益最大化。所谓商品组合,是指针对运营的所有商品,进行品种组合和价格策略组合,使经营的商品之间形成互补,通过刺激性商品做促销、引流量,通过主力商品为店铺带来订单,通过辅助商品给用户更好的购买体验。商品组合设计得好,会给项目带来巨额的销售业绩和良好的口碑。

进行商品种类组合,通常需要考虑以下几点。

1. 主力商品

主力商品是指运营的主体商品,通常能体现主营特色和定位。图 8-6 所示是某店铺的服务类商品,店铺提供服装摄影、静物摄影、电商设计和画册设计等服务。从图 8-6 中可以看出店铺的主力产品是服装摄影。

图 8-6 某店铺的服务类商品

2. 辅助商品

店铺仅有主力商品是不够的,还需要根据特色经营其他商品,营造店铺"大而全"的形象。辅助商品与主力商品具有相关性,辅助商品作为主力商品的补充,其目的是方便用户购买,使店铺商品形成联动消费。

图8-6中的店铺主打服装摄影,最后的画册设计一般就是辅助商品,方便用户需要设计画册时可以与主力商品形成组合订单。

许多做技术的企业也都是主次分明。图8-7所示是做网站设计的一家公司的主页,该公司设计网站是主营业务,同时还提供网站推广服务,作为辅助主营业务的配套服务。

图8-7 做网站设计的一家公司的主页

3. 刺激性商品

刺激性商品主要用于刺激顾客的购买欲望,吸引顾客眼球,增加流量,扩大商品知名度。刺激性商品需要从主力商品和辅助商品中进行选择,并进行重点宣传与推广。

图8-8展示了电商的典型模式,即店铺推出了一个爆款产品,销售量非常大。图8-8中袜子的销售量为每月约1.6万盒。这款袜子是这个店铺的刺激性商品,即爆款商品。巨大的销售量会带动客流量,从而增加其他商品的销售量。

三、商品的采购来源

1. 信息类商品的来源

信息是互联网的精华,互联网上每天信息的交易量都很大,但如果想把信息作为商品推广,还需要有特定领域的从业经验,有信息获取、信息分析、信息整理的能力和经验。比如,很多零配件生产企业都需要寻找下游企业信息,将其作为业务开拓的数据支持,如果想为这样的企业提供信息服务,就需要了解这些企业的需求,以及这些企业上下游的关系。

如图8-9所示,这家企业生产各种型号的轴承,这样的企业也需要大量的下游企业信息,以便于开拓业务。如果我们没有从事过轴承以及轴承后续产品的生产加工工作,我们将很难理解这家企业需要什么样的信息服务。

这家企业在官网上罗列了所有轴承的应用领域,以冶金行业应用为例,如图8-10所示。这家企业详细地介绍了冶金行业的轴承应用情况,这些就是我们从事信息服务工作需要掌握的知识。

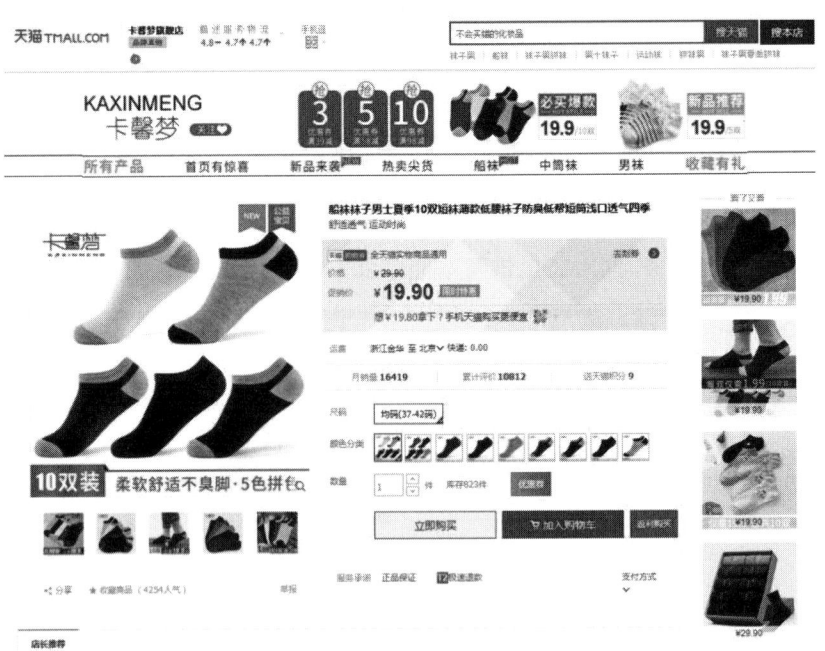

图 8-8 某电商的爆款产品

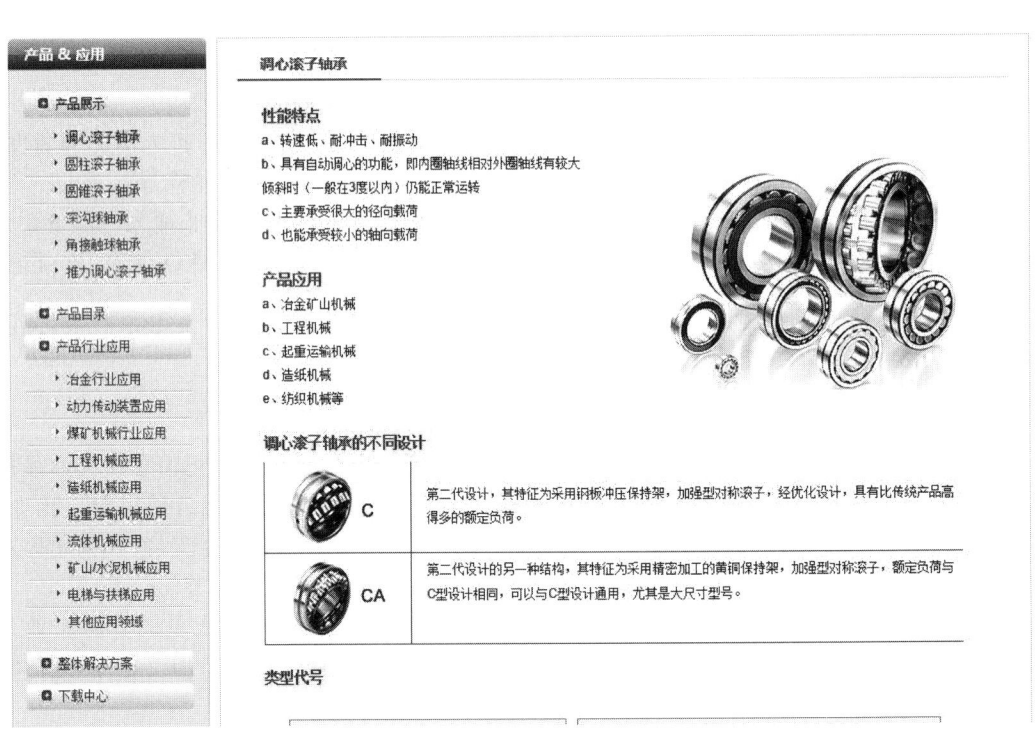

图 8-9 某企业产品展示页面

冶金行业应用

在冶金行业,TWB产品主要应用于连铸机、热轧前后及加热炉的运送辊道等。针对连铸机在高温、重载、重污染的工况条件下连续工作的应用特点,TWB开发了专用于连铸机的系列产品,主要应用于结晶器振动装置、扇形段及冷却段板坯输送辊道,并已在国内外多家钢厂的新生产线上成功运行。TWB也是钢铁生产企业的日常维修轴承的重要供应商,产品广泛应用于齿轮箱、风机及输送辊道等。

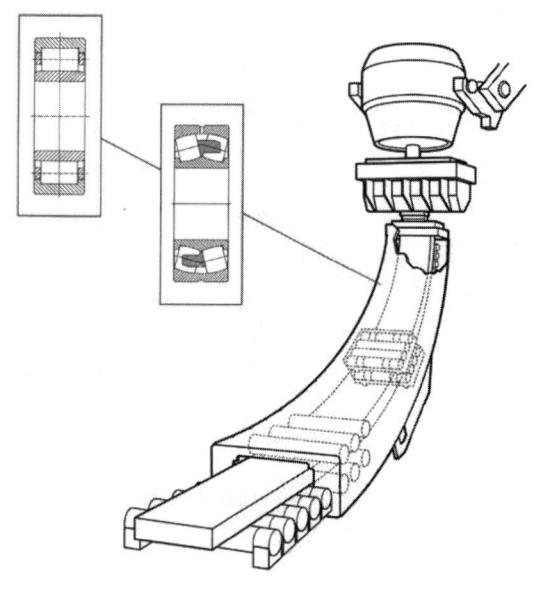

图 8-10　冶金行业轴承应用

每个行业都有自己的信息需求,满足这样的需求需要我们有相关的行业经验。而在互联网时代信息获取方便、快捷,各种各样的分类信息网提供了足够多的信息,需要按照既定需求将所收集的信息进行整理。

2. 服务类商品的来源

对于服务类商品,需要我们自己或者团队掌握一定的技能和经验,能提供足够专业的技术类服务或劳务类服务。

如果想为企业提供互联网营销和推广服务,我们需要掌握的技能就必须包括 SEO(搜索引擎优化)、SEM(搜索引擎营销)、营销型网站建设、全网推广等。

如果熟练掌握所有技能,并且有足够丰富的从业经验,再来组织网上创业,那成功率就会很高。但有时候也可以边干边学,在实践中摸索。小朱是一名大学毕业生,有自己的工作,为了帮助他的哥哥办好农家院,他就现学现卖,通过QQ群聚拢人气,通过论坛发帖子吸引游客,从而成功地为哥哥的农家院每年吸引了 5 000 人以上。随着项目的成功,他对互联网营销和推广的理解越来越深。

3. 物品类商品的来源

物品类商品需要通过各种渠道寻找货源,能够稳定供货、质优价廉的供货商,是创业店铺成功开办的首要保障。采购来源主要有以下几种。

① 实体批发市场。如果卖家所处的城市有大型的实体批发市场,则可以选择批发市场作为商品采购的来源。

② 外贸工厂。外贸产品因其质量、价格、款式等优势,在互联网上一直都是受欢迎的商品。网店卖家如果有熟识的外贸厂商,可以直接从外贸工厂拿货。新品的外贸订单剩余产

品通常不多,大多只有1~3件,但价格却只有市价的4~7折,在网上售卖具有很强的竞争优势。此外,外贸工厂通常会有外贸剩余尾货,会不定时地进行处理,其价格十分低廉,卖家应多多关注外贸工厂的动态,及时拿货,避免被同行卖家抢先。

③ 品牌积压库存。各大品牌厂商每年都有大批库存商品想要批量售出,回收资金。网店卖家可以多渠道联系品牌厂商,尽量以低廉的价格收购品牌商的库存产品,在网上进行售卖。网购买家会在电商平台上搜索自己喜欢的品牌产品,如果能以低价出售相关品牌的产品,会很快赢得顾客的青睐。

④ 网上批发平台。网上批发平台也给个人卖家提供了采购渠道,常见的批发网站有阿里巴巴、慧聪网、中国小商品城网等。

⑤ 正规厂家进货。直接从工厂进货,一手货源可以得到更低的价格,但通常需要较大的进货量,需要的资金较多,增加了经营风险。

⑥ 商品代销。商品代销通常有一整套成熟的管理及营销方式,产品供应商提供商品的图片和文字等产品信息,提供货源,并支持一件代发。

⑦ 海外代购。由于国内的进口商品售价较高,所以很多有需要的消费者会通过海外代购来满足自己的需求。

学生根据创业项目完成创业商品的筛选,将商品筛选过程记录在表8-1中。

表8-1 商品筛选活动记录表

活动步骤	活动记录
创业商品选择	确定商品筛选的依据:
创业商品组合	设计商品组合:
创业商品采购来源	确定商品采购来源:

学生完成创业商品筛选后进行选择评价。通过表8-2所示的创业商品选择评价表,对学生创业商品选择进行评价。

表8-2 创业商品选择评价表

任务名称		团队名称		团队终评		
成员姓名		所属分工		个人终评		
评价内容		评价标准	配 分	分 值	创业导师建议	
创业活动评价(70%)	创业商品选择	选择商品的依据合理	20分			
		商品符合创业项目的设计	20分			
	设计创业商品组合	商品组合(主力商品、辅助商品、刺激性商品)设计合理,有助于销售	15分			
	确定商品采购来源	商品采购来源真实、合理	15分			

续表

评价内容		评价标准	配 分	分 值	创业导师建议
创业素质评价 （30%）	人际交往能力	尊重他人意见，勇于承认错误，友善待人，善于倾听	6分		
	强烈的市场意识	有眼光，对市场供求信息反应迅速，大胆策划，周密计划	6分		
	规避风险能力	风险意识强，能规避风险，及时应对	6分		
	学习能力	学习能力强，有创新精神	6分		
	管理能力	拥有管理能力，即管理团队、管理项目的能力	6分		
		总分	100分		
活动总体情况		个人终评：85分及以上为优秀，70～＜85分为良好，60～＜70分为及格，60分以下要加油			

项目九
店铺推广

创业案例

某位80后全职妈妈筹备网店创业项目,计划在淘宝网销售童装,在完成进货、申请开店、店铺装修等一系列前期工作后,其网店正式运营起来。然而,另其疑惑的是,店铺的产品质量优质,价格基本设定在最微薄的利润线上,但其产品仍然无人问津。这样的难题是新手卖家遭遇的普遍问题。新店铺在起步阶段如何从0跨越到1?在不进行付费宣传的情况下,如何能够吸引顾客上门?

任务概述

消费者能够接触到商家店铺或商品信息的地方有很多,例如商品搜索列表、论坛、促销页面等。我们要进行有针对性的推广,让更多的人记住自己的店铺,从而带动店铺的人气。如何进行具体操作呢?

任务活动

鉴于商家店铺刚刚开业,应先从免费推广开始,不同创业类型有着不同的推广方式,可以先试着从优化商品标题、论坛发帖、友情链接等这些店铺细节来实现店铺推广的目的。

一、信息服务创业

1. 做好某个特定人群的信息采集和信息服务

某大学创业社团曾经做过一个名为"完美大学生活"的创业项目,运营效果非常好。他

项目九 店铺推广

们从大学生自身需求出发,从大一新生开始采集需求信息,包括大学生的基本信息采集、兼职信息采集、爱好信息采集、需求信息采集,同时也包括大学生的兼职服务、体验服务和社交服务,采集学生信息的同时,也向学生提供了很好的服务,保证了采集信息的成功率和准确率。

具体采集的信息如表 9-1 所示。

表 9-1 "完美大学生活"信息服务

网名		电话	
微信或 QQ 账号		邮箱	
备注	上面的信息会跟下面的信息分开保存,以保证您的信息安全		
信息编号			
您想在大学期间做兼职工作吗?如想,工作类型是什么?			
您是吃货吗?如果有好的美食您愿意品尝吗?			
您愿意听听讲座,扩展一下自己的视野吗?			
您愿意体验最新的高科技产品吗?			
您愿意通过公众平台交个男友或女友吗?			
您在其他方面还有自己的需求吗?			

项目实施步骤

- **信息采集**
  - 信息采集可以采用纸质或电子采集两种形式,电子采集的安全性更好
  - 有条件可以集中采集信息,以班为单位进行组织,也可以分散采集信息

- **信息处理**
  - 信息录入数据库,并进行加密处理,操作时最好有官方监督,避免信息泄露
  - 纸质信息不方便检索和进行安全管理,最好都处理成电子版,然后进行加密处理

- **信息发布**
  - 把企业信息发布给个人或把个人信息发布给企业,精确匹配
  - 发布信息时,关键信息(比如姓名、电话、邮箱等)的发布须征得本人书面同意

- **信息服务**
  - 尽量满足信息方的需求,同时保证不泄露信息
  - 对需要服务的个人和企业分别进行精准需求分析并精准匹配

营利分析

在这个项目里,通过对特定人群的调查和信息采集,形成精准数据库。对于商业机构而言,这些信息具有较高的实际价值,商业机构愿意为之买单。

但项目的营利模式绝不是买卖信息,首先买卖个人信息属于违法行为,其次买卖信息并不能将信息有效利用。

在这个精准数据库的基础上,可以通过双向收费进行营利,比如,给大学生提供精准兼职服务,可以适当收取中介费用;对于企业定向投放广告,同样可以合理地收取一定的服务费用。

在这个项目里,针对特定人群采集信息是为了更好地提供服务。

项目关键点

> 采集信息的同时把特定人群导入微信公众号这样的公众平台上,能够提供更好的服务,如通过微信公众平台订阅号的方式,可以及时发布公告通知。
> 信息采集从新人开始更容易,比如一年级新生更容易接受信息采集。
> 信息采集的目的是提供更有价值的服务,如果不是出于这样的目的,这个项目会走上歧途,甚至违法的道路。
> 信息的安全问题非常重要,信息的泄露甚至会导致项目负责人承担法律责任。
> 项目的实施一定要在组织的领导下开展,比如团组织或学校管理机构的统一领导。

2. 信息整理服务

互联网上存在很多信息发布平台,这些平台信息量都很大,比如行业信息网、顺企网(图 9-1)等,都是较大型的行业信息网站。

图 9-1　顺企网

顺企网中每一个小分类下都有大量的企业信息,包括企业的经营产品、经营范围、负责人、电话、邮箱等详细信息,如图 9-2 所示。

面对互联网上海量的信息,需要进行精准整理和处理。例如,图 9-3 所示为某个经营高端铝包木门窗的企业,为了开拓业务,其需要大量下游企业的信息,即装修或设计公司的相关信息。为了更好地帮助该企业开拓业务,我们可以从顺企网这样的行业门户网站上整理所有装修公司或设计公司的企业信息,并按照地区整理成 Excel 表格,为该企业的业务发展提供足够的信息支持。图 9-4 所示是可以整理的信息。

类似这样的网站还有很多，包括阿里巴巴的 1688（如图 9-5 所示）、星魂黄页网（如图 9-6 所示）等。

图 9-2　顺企网中的企业信息

图 9-3　某个经营高端铝包木门窗的企业

电商创业

图 9-4 顺企网中装修或设计公司的相关信息

图 9-5 1688 网页

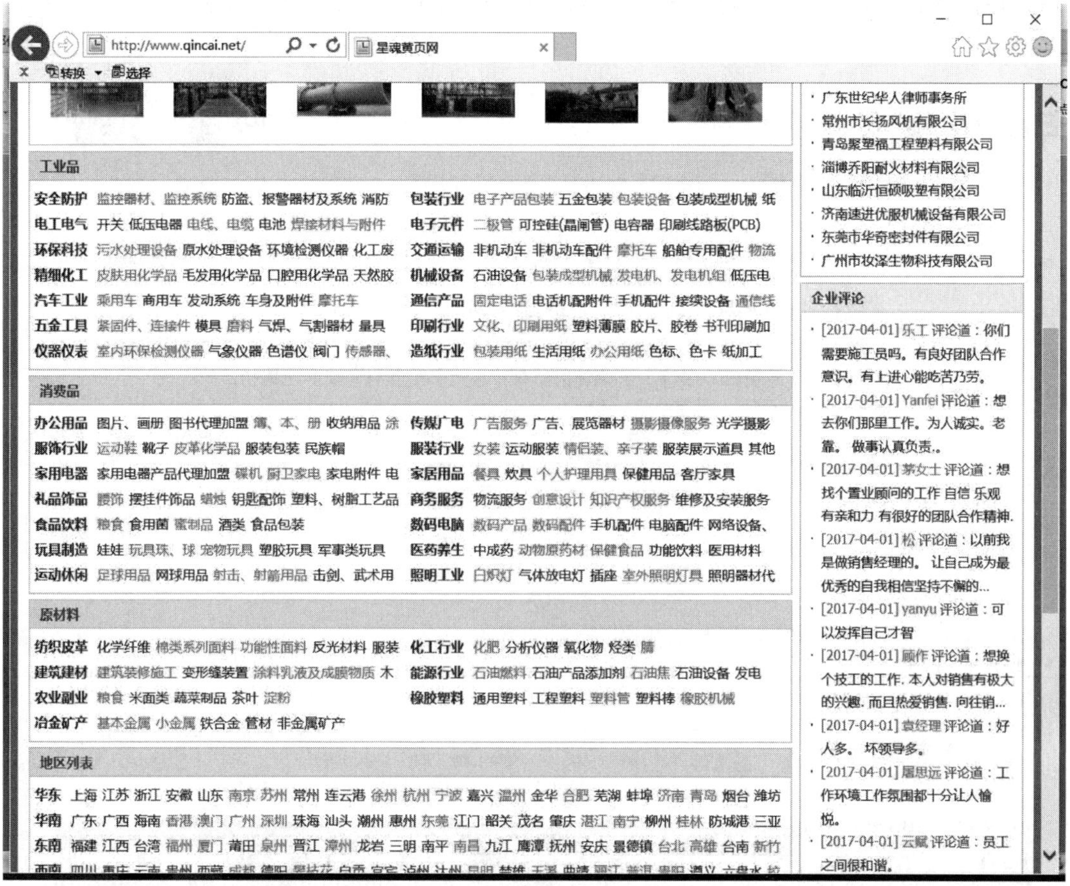

图9-6 星魂黄页网

要想获取这样的网站，较简单的方式是通过百度进行搜索，如图9-7所示。

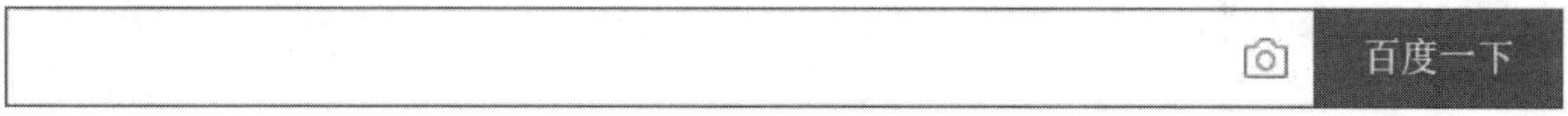

图9-7 百度搜索

在百度搜索中输入"家装行业分类信息网"（图9-8）就可以找到图9-9所示的网站。

3. 信息汇集平台服务

我们可以通过自有平台或自建平台来收集信息和发布信息，比如前文中提到的分类信息网就是此类平台。

考虑创业的难度和平台规模的控制，优先选择做垂直类信息平台，不做"大而全"的信息平台。比如，吃货网给所有"吃货"提供各地特有的美食等信息服务，该网站由网友自发提供线索，发布到平台上，大家一起分享、评价线上的美食。

此类平台既是信息汇集平台，也是分享平台，还是交流平台。

比如，"全球吃货"也是此类集信息汇集、分享和交流于一身的平台。在此类平台上，采集网友的信息汇集到网站上，再让网友自己评价信息的真实性和准确性，最后选定精准信息保留下来，将不精准的信息淘汰掉。高度精准的信息可以吸引更多的粉丝来访问网站，同时信息提供者和访问者也是信息交流的载体,他们会乐于传播这样的信息,从而为平台带来更多的访问者。

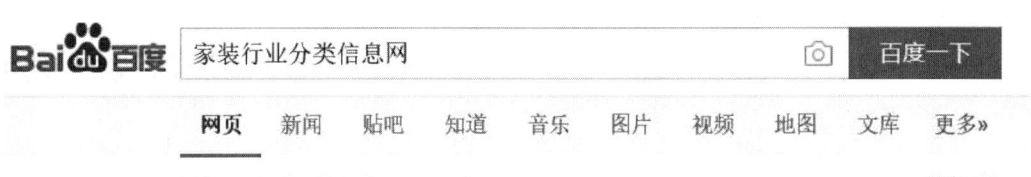

图 9-8　百度搜索"家装行业分类信息网"

图 9-9　家装行业网

4. 粉丝经济

互联网就像大海一样,有海就会有鱼,现在有很多年轻人掌握了"养鱼"的技巧,通过发展粉丝实现成功创业的案例有很多,其中较为著名的案例是 papi 酱。

2015 年 papi 酱开始在网络上上传原创短视频。2016 年她凭借通过变音器发布原创短视频内容而走红。2016 年 3 月 papi 酱获得了 1 200 万元人民币的融资,估值 1.2 亿元人民币左右。2016 年 6 月 16 日,papi 酱获得了超级红人节微博十大视频红人奖。

另外,利用网络直播平台,通过才艺表演、行业经验分享能够吸引大量粉丝,实现个人价值。目前,比较大的直播平台包括抖音直播、快手直播等。

二、技术服务创业

1. 网络推广服务

随着互联网的快速发展,用户规模不断扩大。在人人都离不开互联网的时代,企业想要在激烈的市场竞争中获得优势,开展互联网营销和推广成为必不可少的环节,由此也带来了众多商机。

在互联网营销和推广领域,技术服务具有较大的市场潜力,包括 SEO(搜索引擎优化)、SEM(搜索引擎营销)、营销型网站建设和全网推广等。

(1) SEO

SEO 是利用搜索引擎的规则提高网站在有关搜索引擎内自然排名的一种方式,属于技术含量较高的营销手段。以百度搜索为例,当输入"北京装修"这样的关键词进行搜索时,显示的结果分为两类:一类是"广告"结果;另一类是自然搜索结果。

从图 9-10 可以看出前三条搜索结果最后都有"广告"字样,最后两条搜索结果有"百度快照"字样。"广告"搜索结果是企业投入广告费用后,企业信息才会显示在搜索结果的前几条。而自然搜索结果的企业没有投入任何费用,但通过对网站关键词进行设置和对出现频率进行设置等技术手段,让搜索引擎认为这两条信息是最符合用户搜索关键词的内容的,从而显示在自然排名的最前面。

含有"北京装修"关键词的网站成千上万,而这两条企业信息能够被排在前面,说明网站经过搜索引擎优化,并且优化效果显著。SEO 属于长期工作,短期内并不容易见效,因此,搜索引擎优化被认为是技术含量较高的岗位和工作。

(2) SEM

SEM 即通过搜索引擎广告投放快速达到利用搜索引擎开展企业营销的目的的手段。搜索引擎营销是通过点击付费(PPC)的,如图 9-11 所示,企业可以选择关键词开展广告投放,同时也要对关键词设置点击价格,价格对显示排名具有较大的影响,但不是唯一的影响因素。用户看到搜索结果后,若认为广告信息对自己有用,就会选择点击进入,同时投放企业需要为这次点击实际付费。用户点击次数增多,随之产生的点击费用逐渐增加,如果达到企业投放资金量的上限,企业的投放会被暂停,用户再进行搜索时就会看不到企业投放的广告内容。

百度、360 等搜索引擎都会给企业专门开设账户,用于管理 SEM 的广告投放。

下面以百度为例,简单说明企业开展 SEM 广告投放管理后台的工作情况。

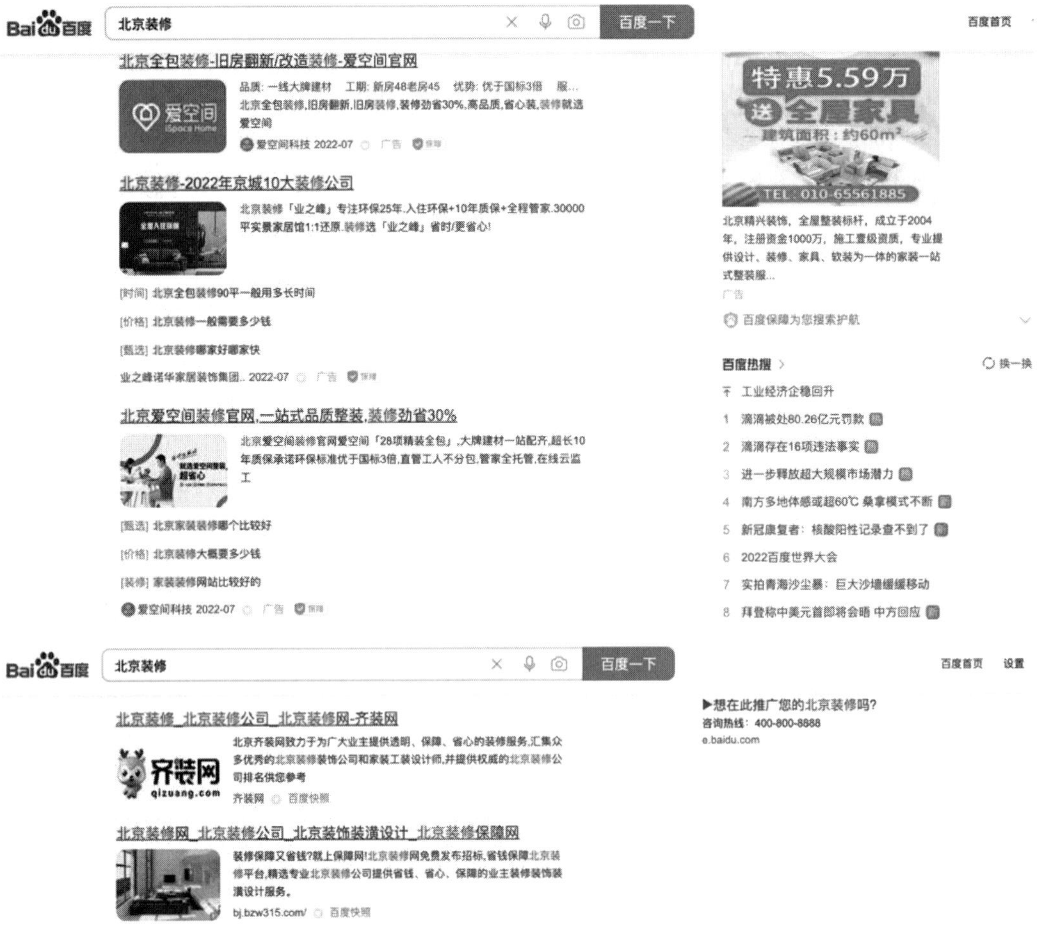

图 9-10　百度搜索"北京装修"

关键词	移动质量分	移动排名	移动出价	展现量	点击量	点击率	花费	平均点击花费	投入产出比	总成交笔数
智能匹配	-	-	0.10元	14	0	0%	¥0.00	-	-	-
羊绒女打底衫短款	10分	无展现	0.45元	7,185	716	9.97%	¥133.47	¥0.19	2.26	8
加绒毛衣女	10分	无展现分布	0.45元	1,708	205	12%	¥56.61	¥0.28	0	0
圆领打底羊绒衫	10分	无展现	0.45元	1,282	102	7.96%	¥29.64	¥0.29	1.25	1
羊绒衫 女 短款 修身	10分	无展现	0.45元	1,786	100	5.60%	¥27.62	¥0.28	0	0
女针织衫	10分	无展现	0.45元	1,697	95	5.60%	¥28.05	¥0.30	1.39	1
女毛衣	10分	无展现	0.45元	1,090	69	6.33%	¥20.13	¥0.29	0	0
黑色毛衣女	10分	无展现	0.45元	402	41	10.20%	¥12.64	¥0.31	0	0
羊毛衫 女 短款	10分	无展现	0.45元	328	35	10.67%	¥10.44	¥0.30	-	-
羊绒衫女修身打底衫	10分	无展现	0.45元	308	27	8.77%	¥7.00	¥0.26	-	-
女修身毛衣	10分	无展现	0.45元	311	22	7.07%	¥6.77	¥0.31	-	-
打底毛衣女 短款 修身	10分	无展现	0.45元	322	22	6.83%	¥6.38	¥0.29	-	-
女羊绒衫短款	10分	无展现	0.45元	212	19	8.96%	¥5.63	¥0.30	0	0

图 9-11　搜索引擎营销投放

首先百度管理 SEM 广告投放的后台网址是 www2.baidu.com，如图 9-12 所示。

图 9-12　百度营销管理后台

老用户直接输入账号和密码进入即可，新用户需要注册，注册界面如图 9-13 所示。

图 9-13　百度营销注册页面

第一步，需要输入用户名、密码和手机号码等信息。

第二步,输入企业信息、管理员信息和推广的网站信息。

输入信息成功后,进入后台,如图 9-14 所示。

图 9-14　百度营销后台

在后台界面能清楚地看到企业投入的资金状况,在"推广余额"里显示。同时有"搜索推广"和"网盟推广"两个选项。企业如果想在搜索结果里做广告投放,选择"搜索推广"并进入。

我们可以通过这样的后台界面尝试操作,体验搜索引擎营销的工作环境。

(3) 营销型网站建设

营销型网站建设即把网站变成一个营销工具,这样的网站有别于普通网站,主要体现在两个方面。

一是网站页面本身进行过 SEO,符合搜索引擎的搜索需要,体现在网页代码经过优化。

二是营销型网站包含营销元素,包括在线答疑、在线咨询、FAQ,网站要把用户可能会关心的问题全部解决,从而吸引用户一步一步走到成交环节。如前文提到的"北京装修"这个搜索关键词的第一个自然搜索结果是土巴兔北京装修网。此网站不仅网页进行过全面优化,页面中的营销元素也是较为全面的,如图 9-15 所示。其中的营销元素包括帮用户把装修预算做好,能够进行在线咨询、在线答疑,能够进行免费设计,所有这些营销元素都可以吸引用户留下来。以其中的在线咨询为例,即使在节假日晚九点,仍设有客服为用户提供在线咨询服务,且客服响应时间不超过 3 秒,属于专业客服级别。

图 9-15　土巴兔北京装修网页面

营销型网站搭建了一个完整的营销漏斗：搜索引擎的客户导入、咨询、留住客户、解决方案设计、成交。把漏斗的每一层都做到转化率最大化，这就是营销型网站追求的目标。土巴兔北京装修网是一个典型的营销型网站。

（4）全网推广

顾名思义，全网推广即在所有网络渠道开展企业和产品的推广工作，以土巴兔北京装修网为例，用关键词"土巴兔"搜索，在百度和新浪微博上的搜索结果分别如图9-16、图9-17所示。

图 9-16　土巴兔百度搜索结果

图 9-17　土巴兔微博账号

从搜索结果可以看出,土巴兔北京装修网在PC端领域的网络推广效果显著,另外其在百度知道和百度口碑上也进行了推广,可以作为企业在全网推广的典型案例。

2. 美工设计服务(阿里巴巴平台、京东平台)

随着国内电商规模的不断壮大,对电商美工的需求量日益增加,具备美工设计能力的人可以考虑美工设计创业。目前为电商企业提供美工设计服务的团队大多数都是创业团队,此类创业团队年龄层次较为年轻,设计成果符合时尚潮流,公司经营效果也很好。

在淘宝平台上搜索一下"淘宝美工",结果如图9-18所示。

图9-18 "淘宝美工"搜索结果

从搜索结果里可以很容易地找出资质较好的服务商,其提供的服务包括淘宝设计、微信设计、京东商城设计和跨境电商设计等,如图9-19所示。

对于产品拍摄、作图、详情图生成整个完整流程,一般收费标准在1 800元左右。

创业团队想往这个方向发展的话,最有效的业务开拓渠道是加入淘宝和京东服务商体系,成为官方认证的服务商。这样在平台上开展业务推广会获得便利,同时也具备公信力。

淘宝的服务官网为https://fuwu.taobao.com/index.html,如图9-20所示。

单击"成为服务商",开启加入官方认证的过程。用企业的名义登录到淘宝之后,可以录入认证信息,按照提示操作,可以申请加入淘宝的服务商队伍。一般审核周期为一周,需要进行实地考察认证。

下面是关于淘宝第三方服务商的详细介绍。

淘宝第三方服务商是指为客户提供整体托管服务或单项运营服务的第三方专业电子商务服务商。服务项目包括售前提案、店铺入驻、摄影、装修、商品管理、活动策划、活动执行、流量拓展、数据分析、电商IT系统、仓储物流、人员培训、客服、品牌营销、渠道托管等,基本涵盖了淘宝店铺运营过程中所需的服务类型。

项目九　店铺推广

图 9-19　淘宝美工产品

图 9-20　淘宝服务市场页面

目前,淘宝服务商按对象可以分为淘宝运营服务商、天猫运营服务商、渠道托管服务商、本地生活运营服务商、阿里妈妈营销产品托管服务商等。如果按照服务项目,淘宝服务商可以划分为全托管和半托管两大类型。

下面介绍第三方服务商行为规范。

在符合入驻规则、服务发布规则、服务关系报备规则的基础上,为了维护第三方服务商生态系统的良好发展,淘宝为第三方服务商制定了严格的行为规范:

（一）遵守《淘宝网规则》《天猫规则》《一淘规则》《聚划算规则》，遵循淘宝平台宣言，诚信经营；

（二）保证提交至淘宝平台的所有信息及材料真实、有效；

（三）发布运营服务，并对该服务进行及时更新和维护；

（四）报备所有服务关系，如合同变更或中止，应及时告知淘宝平台；

（五）确保服务中或曾服务过的店铺运营数据的安全及隐私性；

（六）当发生投诉时，积极配合淘宝平台进行调查及取证工作；

（七）所有淘宝平台提供的参考数据，均不得用于除在淘宝平台经营外的其他用途。

另外，京东平台的服务商也可以获得官方认证，京东服务市场的网址为https://fw.jd.com/，如图9-21所示。

图9-21 京东服务市场页面

在京东服务市场的页面上也有服务商入驻链接，如图9-22所示。按照要求提交信息即可。

图9-22 京东服务商入驻页面

三、商品交易创业

电商有很多渠道,每种渠道都适合特定的某一类商品,因此需要网上创业的我们必须对每一种电商渠道都有所了解,结合具体的商品,才能选择合适的电商平台。

1. 微商创业

微商是基于移动互联网的空间,以社交软件为工具,以人为中心,以社交为纽带的新商业。微商创业具有门槛低的特点,适合想开展网上创业的个人,但并不是所有的商品都适合微商创业。微商需要充分利用个人的社交网络,利用微信平台的粉丝资源来开展电商运营。因此,微商商品具有以下几个方面的特点。

① 微商商品一般都是很有特色的商品,在常见的电商平台上没有销售,人们更愿意尝试这类商品的特色,而商品的质量一般放在第二位考虑。这样的特色让消费者愿意口口相传,形成口碑效应。

② 微商商品的价格一般都不高,从几十元到几百元不等,消费者愿意为这样有特色的商品去试错,并有一定程度的心理容忍度。

一旦微商商品背离了前两条(包括特色、质量和价格),那对微商老板的要求就会很高。例如某件商品,消费者需要它的特色,对产品质量的要求也很高,其价格也非常贵,这样的商品如果要采用微商形式销售,那消费者一定是看重微商老板的"德高望重",要微商老板在圈里很有影响力,消费者才会购买。

2. 个人淘宝店创业

淘宝平台更像一个"杂货"市场,里面应有尽有,所以深受大家喜爱,淘宝对个人网上创业而言,也算一个不错的选择,但淘宝创业也同样有自己的特点。

第一,淘宝卖家众多,传统的商品已经被早期入驻的个人或企业垄断,人们愿意选择级别高的、开店时间长的、成交量大的店铺去购买商品。

第二,淘宝平台对新奇商品的售卖是没有限制的。只要卖家能提供这样的商品,就会有买家,哪怕是新开的店。

第三,淘宝店还是需要大量推广的,包括淘宝平台的推广和互联网的推广,所以尽可能多地留出一些推广资金是绝对必要的。

第四,淘宝也讲究群体效应,如果同类型的商品有很多人同时开店运营,也可以有很好的营销效果。

3. 分销商创业

如果我们想通过电商创业,可以先做一段时间的分销商,积攒一些经验。

(1) 微店代理、微店分销商

我们可以从手机应用市场里搜"微店",下载微店 App。微店 logo 如图 9-23 所示。

安装后需要用手机号注册,注册成功后可以进入微店管理界面,如图 9-24 所示。

如果我们没有自己的商品,可以选择代理,图 9-24 中有"选货市场"按钮,就是我们要找的商品货源。单击进入后,如图 9-25 所示。

如果觉得某个商品值得我们去代理,可以选择这个商品,然后单击"我要代理"。回到自己的商品库里,可以看到店里多了一个产品。通过这样选择商品,我们可以很快地建立自己的店铺和商品库。

图 9-23 微店 logo

图 9-24 微店管理界面

图 9-25 商品货源

(2)淘宝客

淘宝客简称"淘客",是指通过互联网帮助淘宝卖家推广商品,并按照成交效果获得佣金的人或者集体(可以是个人、网站、团体、公司)。2009 年 1 月 12 日起,国内网络营销平台"淘客推广平台"正式更名为淘宝客,淘宝客的工作平台是淘宝联盟。2010 年 3 月,基于淘宝客的"淘宝联盟"已悄然成形。只要获得淘宝商品的推广链接,让买家通过淘宝客的推广链接进入淘宝店铺购买商品并确认付款,淘宝客就能赚取由卖家支付的佣金,无须投入成本,无须承担风险。在淘宝客中,有淘宝联盟、卖家、淘客以及买家 4 个角色,他们每个都是不可缺失的一环。

淘宝客其实也是一种代理或者分销商,只不过比微店代理更专业一些。

项目九 店铺推广

四、网络技术创业

360电脑专家在线（http://web.jishi.360.cn/）是360的网络技术服务平台，如图9-26所示。

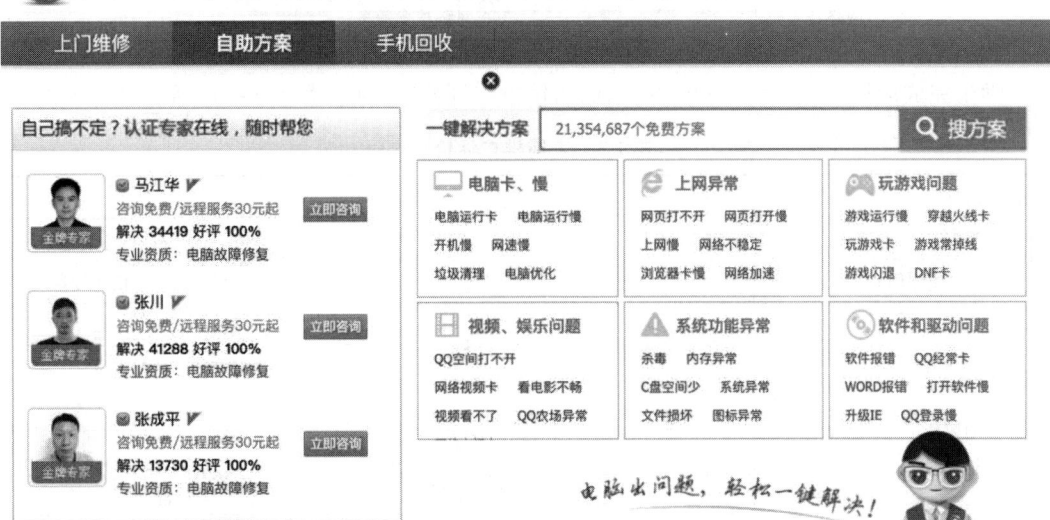

图9-26　360电脑专家在线

在这里与电脑相关的问题基本都可以在线得到解决，我们可以获取在线电脑问题诊断和技术服务，同时我们也可以申请加入网络技术服务团队，为网友们提供技术服务。

这个项目的创业需要有一定的计算机知识和实践经验。

学生根据创业项目类型完成推广方式的选择，将推广过程记录在表9-2中。

表9-2　不同创业类型的推广方式

活动步骤	活动记录
信息服务创业	信息采集： 信息处理： 信息发布： 信息服务：
技术服务创业	**网络推广服务** SEO： SEM： 营销型网站建设： 全网推广： **美工设计服务** 阿里巴巴平台： 京东平台：

续　表

活动步骤	活动记录
商品交易创业	微商创业： 个人淘宝店创业： 分销商创业：
网络技术创业	360网络技术服务：

学生完成店铺推广，通过表9-3所示的店铺推广评价表，对学生店铺推广活动进行评价。

表9-3　店铺推广评价表

任务名称		团队名称		团队终评		
成员姓名		所属分工		个人终评		
评价内容		评价标准	配　分	分　值	创业导师建议	
创业活动评价（70%）	确定创业项目类型	确定创业项目及其对应的推广方式	20分			
	选择店铺推广类型	推广方式合理	20分			
		推广效果明显	30分			
创业素质评价（30%）	人际交往能力	尊重他人意见，勇于承认错误，友善待人，善于倾听	6分			
	强烈的市场意识	有眼光，对市场供求信息反应迅速，大胆策划，周密计划	6分			
	规避风险能力	风险意识强，能规避风险、及时应对	6分			
	学习能力	学习能力强，有创新精神	6分			
	管理能力	拥有管理能力，即管理团队、管理项目的能力	6分			
		总分	100分			
活动总体情况	个人终评：85分及以上为优秀，70～<85分为良好，60～<70分为及格，60分以下要加油					

项目十 外包市场环境分析

10.1 外包服务市场的SWOT分析

 **创业案例**

当下,国内电子商务在政府的大力扶持下得以迅速发展,交易额呈现几何级增长,面向企业及个人的电子商务蓬勃发展。与传统的交易方式相比,由于电子商务方便、快捷,所以其更加得到人们的青睐。拓普(TOP)外包服务公司是一家总部设在西安的企业,该公司的经营采取高校互联的形式,充分、合理地利用西安市在校大学生资源,给企业提供外包服务。拓普外包服务公司利用大学生做外包业务的人力资源优势,外包其他公司的业务,挖掘校园经济增长点,以达到校企合一。与此同时,拓普外包服务公司逐步实施信息化战略,整合西安高校对企业外包市场,最终实现向电子商务运作的转型。

拓普外包服务公司的市场策略定位为市场补缺者,一方面为大学生免费提供兼职机会和提高实践能力的机会,吸引大学生对本公司的关注;另一方面,抓住企业对校园经济的热衷,且企业薄弱环节业务的外包市场在扩大。该公司处于双方的连接处,可利用大学生人力资源的优势,整合西安市高校对企业的外包市场。

任务概述

如今电子商务行业发展极其迅速,这就要求企业如果想在激烈的竞争中不被淘汰,应该对环境进行深入研究,自觉地识别并利用市场机会,避免环境威胁,充分发挥自身的优势,有效利用外部资源,实现企业目标。以拓普外包服务公司外包服务市场面临的市场环境为例,本节介绍如何进行市场环境分析?

掌握市场环境分析的因素,对外包服务的市场环境形成有效分析。

10.1.1 分析环境因素

运用各种调查研究方法,分析企业的各种环境因素,也就是影响和制约企业发展的内部条件和外部环境。在分析市场环境时,通常可以将其分为宏观环境和微观环境两大类,如表10-1所示。宏观环境一般是企业无法直接控制的一系列重大的社会力量,主要包括政治法律、经济、人口、文化、自然、科技等因素。微观环境则是与企业联系密切,直接影响企业营销活动的各种参与者,包括客户、公众、竞争者等。企业的发展会受到市场环境的制约和影响,并且市场环境总是处于不断变化之中。在调查分析这些因素时,不仅要考虑公司的历史与现状,还要考虑公司的未来发展。企业必须密切关注环境的实际情况和发展趋势,并根据环境变化不断调整经营方式,敏锐地发现和利用市场机会,防范可能出现的风险。

表 10-1 环境因素分析

宏观环境	微观环境
政治法律环境:政府政策方针、法律法规	客户:客户的需求
经济环境:网民的收入与消费、信贷	
人口因素:网民总量、网民增长量、网民的人口结构	公众:媒介公众、政府机构、社会公众
文化因素:网民的消费习惯、价值观念	
自然因素:地理位置、交通条件、自然资源	竞争者:其他提供同类服务的电商企业
科技因素:科学技术	

在进行市场营销环境分析时可利用搜索引擎进行基于网络的市场调查,收集相关的市场、竞争者、网民以及宏观环境等信息。每个搜索引擎都有自己的特点,在使用时要根据不同的搜索情况选择不同的搜索引擎。最常用的搜索引擎有以下几种。

① 谷歌搜索引擎。谷歌公司(Google Inc.)成立于1998年9月4日,由拉里·佩奇和谢尔盖·布林共同创建,被公认为全球最大的搜索引擎公司。

② 雅虎搜索引擎。雅虎是美国著名的互联网门户网站,也是20世纪末互联网奇迹的

创造者之一。其提供的服务包括搜索引擎、电子邮件、新闻等。

③ 百度搜索引擎。百度是全球最大的中文搜索引擎,百度高级搜索截图如图10-1所示。百度是中国最大的以信息和知识为核心的互联网综合服务公司,是全球领先的人工智能平台型公司。

图10-1 百度高级搜索截图

10.1.2 构造 SWOT 矩阵

SWOT(Strengths、Weaknesses、Opportunities、Threats)即企业内部的优势和劣势、外部环境的机会和威胁。SWOT分析法即态势分析法,20世纪80年代初由美国旧金山大学的管理学教授海因茨·韦里克提出,经常被用于企业战略制定、竞争对手分析等场合。SWOT矩阵示意如图10-2所示。SWOT分析法有其形成的基础。按照企业竞争战略的完整概念,战略应是一个企业"能够做的"(即组织的强项和弱项)和"可能做的"(即环境的机会和威胁)之间的有机组合。

图10-2 SWOT矩阵示意

10.1.3 确定业务类型

营销环境通常是机会与威胁并存的。企业可通过机会与威胁的对比分析确定自己的业务类型。机会程度高、威胁水平低的业务为理想型业务,机会程度高、威胁水平也高的业务为冒险型业务,机会程度低、威胁水平也低的业务为成熟型业务,机会程度低、威胁程度高的业务为困难型业务。

根据企业所处的环境以及环境的未来发展趋势而确定的企业总的行动战略有3种。

① 稳定战略。这种战略强调的是投入少量或中等程度的资源,保持现有的产销规模和市场占有率,稳定和巩固现有的竞争地位。这种战略适用于效益已相当不错,而暂时又没有进一步发展的机会,其他企业进入屏障又较大的企业。

② 发展战略。这种战略适用于有发展和壮大自己的机会的企业。其特点是:投入大量资源,可扩大产销规模,提高竞争地位,提高现有产品的市场占有率或用新产品开辟新市场。这是一种进攻型的态势。

③ 紧缩战略。紧缩战略又称撤退战略,这种战略适用于外部环境与内部条件都十分不利,企业只有采取撤退措施才能避免更大损失的情况。

通过SWOT分析,如果电商外包服务是一个理想型业务,则创业者可以利用自身优势开展此项业务;如果分析的结果显示,这是一个困难型业务,那么就应当选择放弃此项业务。

学生进行市场环境分析,完成表10-2的填写。

表10-2 市场环境分析记录表

活动步骤	活动记录
市场环境分析	检索方法: 信息来源: 环境分析:
构造SWOT矩阵	
业务类型判断	

学生使用SWOT分析法对所处的市场环境进行分析,确定业务类型。通过表10-3所示的市场环境分析评价表,对学生市场环境分析活动进行评价。

表10-3 市场环境分析评价表

任务名称		团队名称		团队终评	
成员姓名		所属分工		个人终评	
评价内容		评价标准	配 分	分 值	创业导师建议
创业活动评价 (70%)	市场环境分析	检索信息的方法正确,检索出的信息能真实、全面、客观地反映市场情况,对信息的归类正确合理	20分		

项目十 外包市场环境分析

续表

评价内容		评价标准	配　分	分　值	创业导师建议
	构造 SWOT 矩阵	SWOT 矩阵结构正确,内外部环境因素在归类中正确	30 分		
	业务类型分析	业务类型判断正确,与 SWOT 分析吻合	20 分		
创业素质评价 （30%）	人际交往能力	尊重他人意见,不争辩,勇于承认错误,友善待人,善于倾听	6 分		
	强烈的市场意识	有眼光,对市场供求信息反应迅速,大胆策划,周密计划	6 分		
	规避风险能力	风险意识强,能规避风险,及时应对	6 分		
	学习能力	学习能力强,有创新精神	6 分		
	管理能力	拥有管理能力,即管理团队、管理项目的能力	6 分		
		总分	100 分		
活动总体情况		个人终评:85 分及以上为优秀,70～<85 分为良好,60～<70 分为及格,60 分以下要加油			

10.2　电子商务外包服务市场需求分析

 **创业案例**

北京兴长信达科技发展有限公司创始人及董事长刘磊于 2000 年 9 月创办了如今中国最大规模之一的电商外包公司北京兴长信达科技发展有限公司（以下简称"兴长信达"）。

兴长信达从 2002 年开始涉足电子商务领域,如今兴长信达的年收入已经超过了 5 亿元,毛利率为 30%。

面对互联网的强大力量,越来越多的企业选择入驻互联网,尤其是一些传统品牌的大企业。互联网销售渠道的销售量已经逐渐接近甚至超过了传统的销售渠道。但随之而来的问题就是,这些传统品牌企业面临着对互联网营销不了解的尴尬问题。而电子商务外包服务就在这样的大环境下,迎来它突飞猛进的发展时期。翻看兴长信达服务的品牌客户,其中不乏传统渠道中的佼佼者,主要有诺基亚、摩托罗拉、索尼、爱立信、多普达、柏仙多格等,涉及品类有数码、服装、箱包、鞋帽等。电子商务服务外包这块贡献了其大部分收入。

对于电子商务外包的市场,刘磊认为,现在整个 B2C 市场大概有 2 000~3 000 亿元的市场,而这些市场大部分都是由一些小的卖家或者大的卖家占有,品牌企业并没有进入这些市场,他认为现在的市场规模就已经代表了电子商务服务外包市场的未来方向,因为刘磊相信一定是专业的人做专业的事,所以电子商务服务外包市场最少应该有 2 000~3 000 亿元的市场规模才能满足现在的需求。

任务概述

通过电子商务外包服务市场的 SWOT 分析,能得出这样一个结论:中小企业电子商务外包服务成为趋势,因此向传统中小企业提供电子商务外包服务对创业团队来说既是"可能做到的",也是"能够做到的",那么中小企业在应用电子商务时主要是哪些困难需要通过外包来解决呢?

任务活动

在完成环境因素分析和 SWOT 矩阵的构造后,就可以制订相应的行动计划。制订计划的基本思路是:发挥优势因素,克服弱点因素,利用机会因素,化解威胁因素;考虑过去,立足当前,着眼未来。运用系统分析的综合分析方法,将排列与考虑的各种环境因素相互匹配起来并加以组合,可得出一系列公司未来发展的可选择对策。这些对策包括:

- 最小与最小对策(WT 对策),即考虑劣势因素和威胁因素,目的是努力使这些因素都趋于最小。
- 最小与最大对策(WO 对策),着重考虑劣势因素和机会因素,目的是努力使弱势因素趋于最小,使机会因素趋于最大。
- 最大与最小对策(ST 对策),即着重考虑优势因素和威胁因素,目的是努力使优势因素趋于最大,使威胁因素趋于最小。
- 最大与最大对策(SO 对策),即着重考虑优势因素和机会因素,目的在于努力使这两种因素都趋于最大。

目标市场是企业营销活动应该要满足的市场,也是企业为了实现经济效益、预期目标而要进入的市场。换句话说,就是企业要投其所好,给目标消费群体提供产品和服务。当企业确定目标市场之后,所有的活动都要围绕目标市场进行。

项目十　外包市场环境分析

作为初具规模的电子商务工作室,还不具备为较大范围中小企业提供服务的能力,因此选择一部分中小企业作为自己的服务对象,这就是确定目标市场。

在选择服务对象(目标市场)时,可以考虑以下 3 点:

① 具备一定的规模和发展潜力;
② 目标市场结构具备吸引力;
③ 符合企业目标和能力。

学生选择服务对象,完成表 10-4 的填写。

表 10-4　选择服务对象记录表

活动步骤	活动记录
目标市场分析	规模: 潜力:
市场结构分析	吸引力因素:

学生完成对电子商务外包服务市场的分析,通过表 10-5 所示的市场需求分析评价表,对学生的分析活动进行评价。

表 10-5　市场需求分析评价表

任务名称		团队名称		团队终评	
成员姓名		所属分工		个人终评	
评价内容		评价标准	配　分	分　值	创业导师建议
创业活动评价 (70%)	确定调查的对象	调查的对象确实有电子商务外包服务需求,是工作室资源力量能够达到的,是工作室能够接触的对象	10 分		
	设计调查表	调查表形式合理,结构正确,内容合理,提问有必要,易于回答,能够实现调查的目的	20 分		
	选择市场调查方法	调查方法选用合理,有调查过程的记录	20 分		
	整理与分析调查结果	对获得的数据去伪存真,有效地分析并归类中小企业的电商外包服务需求	20 分		

续表

任务名称			团队名称		团队终评	
成员姓名			所属分工		个人终评	
评价内容		评价标准		配 分	分 值	创业导师建议
创业素质评价（30%）	人际交往能力	尊重他人意见,不争辩,勇于承认错误,友善待人,善于倾听		6分		
	强烈的市场意识	有眼光,对市场供求信息反应迅速,大胆策划,周密计划		6分		
	规避风险能力	风险意识强,能规避风险,及时应对		6分		
	学习能力	学习能力强,有创新精神		6分		
	管理能力	拥有管理能力,即管理团队、管理项目的能力		6分		
活动总体情况		总分		100分		
		个人终评:85分及以上为优秀,70～＜85分为良好,60～＜70分为及格,60分以下要加油				

项目十一
定制外包服务

11.1 定制电子商务外包服务产品

 **创业案例**

简单来说,网络营销就是以互联网为主要手段,为达到一定的营销目的而进行的营销活动。网络营销是随着互联网进入商业应用而产生的,尤其是电子邮件、搜索引擎、社交软件等得到广泛应用之后,网络营销的价值越来越凸显。传统企业也开始慢慢地加大对网络营销的投入力度,网站建立之后由于缺乏网络营销的经验,面对各种网络营销需求,出现了许多专门为传统企业提供网络营销服务的外包公司,其中也有着许多成功的案例。

企业博客网(以下简称"企博网")是全球第一企业博客、职业博客、经理人博客平台,主要提供为企业创建企业博客并展开博客营销以及为各行各业的职业人士开通职业博客服务,促进职业人士之间的互动、交流。企博网创立至今,已吸引了全国90多万家企业开通企业博客并进行博客营销,这预示着中国电子商务2.0模式的开端,并必将成为电子商务发展的主流方向。

下面来看几个企博网的经典博客营销案例。

2009年：企博网3+外包服务受到浙江省、杭州市等各级政府的肯定与表彰。凡杭州市企业利用企博网的电子商务外包服务都收到了政府专项财政补助。

2010年9月15日：企博网被第二届中国电子商务文化节组委会评为"2010中国电子商务百强企业"及"综合类B2B电子商务企业二十强"。

2012—2013年，企博网先后开发了企业产品秀、楼盘展示、酒店秀3种Sina应用插件，掀起了微博营销热浪。

任务概述

通过之前任务的实践，同学们不仅懂得了外包服务的可行性，同时也可抓住其中的商机。对于中小企业应该采用怎样的外包服务？他们会有怎样的需求呢？本节的任务是工作室开设电子商务外包服务项目，要确定外包服务类型、服务项目，设计出属于自己工作室的外包服务。

任务活动

对于不同类型的中小企业，其发展电子商务的目的也不同，部分企业是为了宣传自己的公司文化，部分企业是为了节省外出采购成本，还有一部分企业是为了提升营销量。企业目的不同则遇到的各种问题和困难也是不一样的，如企业对于电子商务的认识度不同，部分企业是因为技术上的不足，还有一些企业是因为资金问题。这就出现了需求不同的情况，处于创业初期的工作室，没有能力为所有的中小企业提供外包服务，因此要对企业需求进行分类并选择某几类作为自己的主营业务，再结合自己工作室的能力，有效地定制出满足这些需求的计划，这样工作室就可以提供外包服务了。

11.1.1 分析市场

满足谁的需要？向谁提供产品和服务？在企业的经营活动中，分析市场是一个不可缺少的过程。对于企业来说，选准了"为谁服务"才能定制市场策略和进行市场细分。

市场细分是指企业按照某种标准将市场上的顾客划分成若干个顾客群，每一个顾客群都构成一个子市场。不同的子市场之间，需求存在着明显的差别。市场细分是选择目标市场的基础工作。市场营销的活动包括细分一个市场并把它作为公司的目标市场，设计正确的产品、服务、价格、促销和分销系统"组合"，从而满足细分市场内顾客的需求和欲望。

① 中小企业对电子商务外包服务的需求主要是按照用户最终的要求做一个细分。由于各个中小企业购买电商服务的需求不同（电子商务细分市场需求如表11-1所示），因此最后的细分方法也不同。事实上，很多成功的外包公司在接受任务的时候就可以做出一个很好的细分，最终形成很多专业性内容。例如：商派（http://www.taoex.com），专门为企业提供电子商务技术方面的解决办法，包括企业建站、网站维护等技术服务；亿玛（www.emar.com.cn），主推电子商务的营销，同时可以给出不同的推广营销办法；艾瑞（www.

iresearch.cn），专做市场调研与市场咨询，企业通过市场调研及市场咨询等可以更加了解目前的市场情况，也可以为企业做前期市场规划；酷武物流（www.kwscm.com），专做仓储管理，为电子商务企业提供仓储管理、订单管理等服务。

表 11-1 电子商务细分市场需求

细分市场需求	最终用户具体体验
电子商务咨询	产品战略、市场战略、组织战略、供应链战略、营销战略、物流战略、财务战略、人力资源战略、研发战略
电子商务技术咨询	ERP（企业资源计划）、CRM（客户关系管理）、SCM（软件配置管理）、网站构架
电子商务营销咨询	STP（市场细分、目标市场、市场定位）、4P（营销理论）、4Cs 营销理论
电子商务管理咨询	企业电子商务战略规划、企业电子商务流程再造、电子商务模式
电子商务策划	市场调研、网站功能策划、网站内容策划、产品策划、品牌策划、组织策划、营销策划、支付策划、运营策划、推广策划
电子商务技术	电子商务网站建设技术支持、ERP 系统整合、IT 系统支持、数据分析
电子商务运营	产品拍摄、图片处理、产品编辑、网店装修、网店推广、网点促销、在线营销、在线客服、订单处理、支付、物流、CRM（客户关系管理）
电子商务管理	人力资源管理、现金流管理、物流管理、信息流管理、商品信息发布、物流信息、客户信息、支付信息、推广效果分析
电子商务推广	品牌网络推广、淘宝店推广、官方商城推广

② 中小企业对电子商务外包服务市场的细分也可以根据行业的不同做不同的电商外包服务。如古星（www.galaxeed.com），专做服装、运动品牌的代运营类服务。

综上所述，电子商务外包服务工作室应可以根据不同需求、不同行业，提供不同的专业性外包服务。

11.1.2 制定产品组合策略

面对细分后的外包服务市场，工作室要根据自己的专业实力，以及用户的综合需求来决定自己提供何种外包服务。

产品组合也称为产品的各色品种集合，是指一个企业在一定时期内生产经营的各种不同产品、产品项目的组合。在进行产品组合决策时，要考虑 3 个变量。

1．产品组合的宽度

产品组合的宽度指企业的产品线总数。产品线也称为产品大类、产品系列，是指一组密切相关的产品项目。这里的"密切相关"可以是使用相同的生产技术，产品有类似的功能，面向同类顾客群，或同属于一个价格幅度。对于家电生产企业来说，可以有电视机生产线、电冰箱生产线。产品组合的宽度说明了企业的经营范围大小、跨行业经营情况，甚至实行多角化经营的程度。增加产品组合的宽度，可以充分发挥企业的特长，使企业的资源得到充分利用，提高经营效益。

2. 产品组合的深度

产品组合的深度是指每条产品线中所包含的产品项目的数量,也就是产品大类中产品花色、品种、规格的数量。

3. 产品组合的相容度

产品组合的相容度是指企业内部各产品线在最终用途、生产条件、分销渠道以及其他方面互相关联的程度。对电子商务外包服务来说,在最终用途上相容度是较大的。

下面以商派为例,看一看其产品组合策略,见表 11-2。

表 11-2 商派产品组合策略

产品组合的深度	产品组合的宽度			
	天猫入驻	淘管运营管理套件	传统品牌极速启动计算机	一体化分销直营
	入驻	淘管 ERP	提供客户数据	入驻淘宝网建立官网
	店铺装修	淘管 CRM	财务对账	分销商招募
	电商培训	淘管 KPI	仓库物流外包	分销商管理
	后端管理		客服店铺管理外包	作业管理
			推广外包	

学生对定制外包服务产品进行市场细分,制定相应产品组合策略,并填写表 11-3。

表 11-3 定制外包服务产品细分市场活动记录表

活动步骤	活动记录
细分市场	细分市场结果:
制定产品组合策略	产品组合:

通过表 11-4 所示的定制外包服务产品细分市场活动评价表,对细分市场活动进行评价。

表 11-4 定制外包服务产品细分市场活动评价表

任务名称		团队名称		团队终评	
成员姓名		所属分工		个人终评	
评价内容		评价标准	配 分	分 值	创业导师建议
创业活动评价(70%)	细分市场	能有效区分需求的差异性	35 分		
	制定产品组合策略	产品组合结构合理,产品组合的宽度及产品组合的深度决策合理	35 分		

续表

评价内容		评价标准	配 分	分 值	创业导师建议
创业素质评价（30%）	人际交往能力	尊重他人意见,勇于承认错误,友善待人,善于倾听	6分		
	强烈的市场意识	有眼光,对市场供求信息反应迅速,大胆策划,周密计划	6分		
	规避风险能力	风险意识强,能规避风险,及时应对	6分		
	学习能力	学习能力强,有创新精神	6分		
	管理能力	拥有管理能力,即管理团队、管理项目的能力	6分		
活动总体情况	总分		100分		
	个人终评:85分及以上为优秀,70～<85分为良好,60～<70分为及格,60分以下要加油				

11.2 确定电子商务外包服务价格

创业案例

潘某出生在贵州一个小县城的工人家庭,原来他们一家五口全靠在供电局当技术工人的父亲每月1 000多元的工资维持生计。2007年,潘某考入中山大学地理科学与规划学院。来到广州后,为了减轻父母的负担,潘某不但申请了学校的勤工助学,还四处找工作赚钱。当他准备闯世界时,百货大楼里琳琅满目的商品和滨江东"天价"的楼盘让他顿时蒙了,"我到底要奋斗多少年才能在这个城市容身呢?"于是在很多同学还在尽情享受大学的校园生活时,潘某开始赚外快,做家教、推销信用卡、卖T恤……2007年年底,学校公开招投标一些院系的院服定做项目,潘某看到了商机。潘某首先"摸查敌情"。他从学生会的"哥儿们"那里弄到了参与招投标公司的名单,并扮成顾客挨个打电话到那些公司问出不同质量服装的底价。然后,他直接在网上查出一些生产商的地址,主动上门与厂家谈生意。学校的院服投标价和货源确定后,潘某私底下向学院有理有据地分析了自己代理的服装在价格和质量上的优势,以博取印象分。最后,他竟然赢了做了几十年生意的行家,投下学校的院服项目。虽然第一个院服生意只赚了 2 万元,但这却让他在创业路上建立了信心。

定制工作室的外包服务产品就如同生产型企业开发一系列的新产品,这些新产品要在市场上销售就一定要有一个明确的销售价格,这就是企业的定价策略。该如何为工作室提供的外包服务产品制定价格呢?本节将介绍依据定价方法与定价策略为产品制订合理的价格。

价格或者价格决策是企业经营活动的重要组成部分,这关系到企业的利润、成本补偿及是否有利于产品销售、促销等问题。因此,企业在定价时要综合考虑企业自身、产品、竞争者及消费者等因素,采用合适的定价方法及策略,确定最终的价格。

11.2.1 确定工作室的定价目标

定价目标是指企业对其产品进行定价时预先确定所要达到的目的和标准,是企业定价决策的指导观点,是企业营销目标在价格决策上的反映。工作室在制定外包服务产品价格时,要先选择相应的定价目标。

定价目标是影响企业进行价格决策的主要因素。定价目标取决于企业的总体目标。不同行业的企业,同一行业的不同企业,以及同一企业在不同的时期、不同的市场条件下,都可能有不同的定价目标。

① 以生存为目标。当企业的生产能力过剩,受到激烈竞争、顾客需求变化的困扰,生存有困难时,可以此为定价目标,这时企业制定的价格只要能补偿成本即可。

② 以当前最大利润为目标。当企业的生产技术和产品质量在市场上都居于领先地位,竞争对手较弱或商品供不应求时,企业可通过高定价来获得当季或当年的最大利润。

③ 以市场占有率为目标。当消费者对产品的价格较为敏感,且该产品的市场容量较大时,企业为阻止竞争对手的加入,在定价时可以考虑采取低定价来获得较大的市场占有率。

11.2.2 估算外包服务产品的成本

估算成本的目的是确定产品价格的下限,估算成本决定了企业能承受的最低价格。小型电子商务工作室开展电子商务外包服务业务,其成本主要体现在以下几个方面。

1. 基础设施构建成本

这部分成本主要是采购计算机、服务器、交换机和其他设备等所产生的,均属于固定成本。除了购置设备所需的费用之外,还有日常维护、维修以及损耗、升级等所需的成本。

2. 软件系统构建成本

除正常的硬件设备以外,工作室还必须具有相关的电子商务软件,才能正常为客户提供服务。软件也同样有购买成本,这也属于固定成本。由于技术的更新换代,为了抓住商机,必须适时对软件系统进行升级,这方面所需要的成本难以估算。

3. 技术支持成本

技术支持成本是当电子商务系统的设计、运行、维护和管理等方面所需的技术含量较高时需要付出的经济代价。如果工作室的技术力量有限,达不到为客户提供某种外包服务的要求,但又不想失去客户,就需要求助外部的技术力量,这时所付出的代价相当高昂。

4. 人力投入成本

人力投入成本是指为了工作室的正常运行,除了构建系统时所需的技术人员之外,在投入运行后必须配备相关人员,对人员进行必要的教育培训以及支付人员的工资等方面所花的费用。

5. 其他成本

其他成本包括市场调研的成本、物流配送的成本、利用其他电子商务平台发布产品信息的成本、入网费用、注册费用等。

11.2.3 分析竞争者产品的价格

中小企业开展电子商务成为趋势,给电商外包企业提供了大量的市场机会,但行业竞争十分激烈。在竞争激烈的市场上,竞争者的产品和价格是企业产品定价的重要参考,企业应结合竞争者产品的特点,综合考虑自身价格的定位。

一般来说,绝大多数电子商务外包服务提供商都会自建网站,详细地介绍公司及公司的外包产品并实现电子商务的功能,如实时新闻发布、实时报价、网络营销等。如重庆丁卯电子商务有限公司在其网站中明确地标明了各外包服务产品的价格,为网店提供专业的拍摄服务,报价为60元/件起,其网店装修服务外包按套餐内容的不同价格分为1 600元和2 800元等。再如,专门针对网店运营与推广外包业务的电子商务平台"我的网店"(www.wdwd.com)也有"价格中心",发布各服务产品的价格,如图11-1所示。

类似有服务产品报价的电子商务外包服务商网站有很多,这些网站是了解竞争者产品价格的最直接渠道。

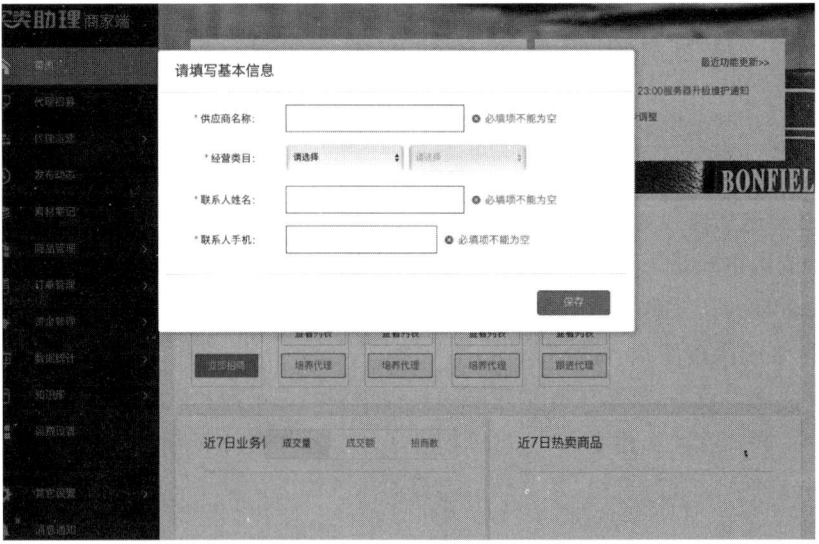

图 11-1　在"价格中心"发布各服务产品的价格

11.2.4　确定定价的方法

根据前述价格与成本、价格与需求的关系,以及竞争者对价格决策的影响分析,可总结出定价时应考虑的 3 个主要因素:产品的成本是定价的下限;消费者对产品的评估是定价的上限;竞争者的价格是定价的方向。因此,企业的定价方法主要有 3 种,即成本导向定价法、需求导向定价法、竞争导向定价法,如图 11-2 所示。

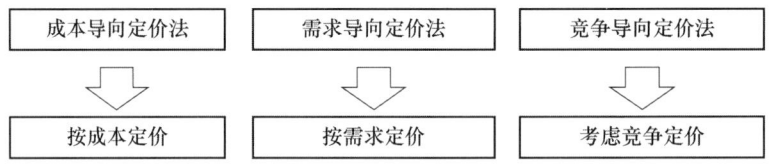

图 11-2　企业的定价方法

1. 成本导向定价法

成本导向定价法是以产品成本为定价基本依据,在回收成本的基础上追求一定比例的利润来定价的方法。当采用这一定价方法时,工作室应根据自身的资金压力确定成本回收的周期,这样便于固定成本的分摊,从而进行成本的核算。

2. 需求导向定价法

需求导向定价法是根据客户对外包业务的认知、需求程度和对价格的承受能力来定价的方法。如果要采用这种定价方法,工作室应利用提供的外包产品的质量、特性等来营销,同时对客户的相对价值要有正确的估计和判断。

3. 竞争导向定价法

竞争导向定价法是以竞争者的产品价格作为定价的依据的方法。工作室可依据市场行情来确定价格,或是根据企业产品的实际情况、与竞争者产品的差异来确定价格。对于创业初期的工作室,如果没有特别的竞争优势,一般可采用低于竞争者的价格。

11.2.5 调整价格

工作室按照上述各种方法制定基本价格后,往往还需要进行价格的调整,以适应不同客户的需求和情况的变动。适合外包服务的价格调整策略如下。

1. 现金折扣

现金折扣是一种鼓励购买者快速支付账单的价格削减方式,其期限在净期限内变更。

2. 数量折扣

数量折扣是当购买者购买的数量较大时,提供的一种价格折扣,以激励客户购买更多的外包业务。

3. 牺牲品定价

在工作室提供的外包服务产品中,可选择少数的服务产品作为牺牲品,制定一个相对低的价格来吸引客户,并希望他们能定制其他的业务。

学生进行外包服务定制,并确定外包服务产品价格,完成表 11-5 的填写。

表 11-5 定制外包服务价格

活动步骤	活动记录		
确定工作室的定价目标	工作室的定价目标: 确定此目标的原因:		
估算外包服务产品的成本	工作室的成本分析表		
	固定成本		变动成本
	硬件采购		软硬件升级
	软件采购		人工成本
分析竞争者产品的价格	竞争者产品价格数据来源: 竞争者产品的价格情况:		
	竞争者的服务外包产品		价格区间
确定定价方法	选用的定价方法: 运用此方法确定价格的过程:		
调整价格策略	采用的价格调整策略:		

学生确定工作室定价目标,估算外包服务产品价格,分析竞争者产品,最终确定定价方法。通过表 11-6 所示的定制外包服务价格评价表,对学生活动进行评价。

表 11-6 定制外包服务价格评价表

任务名称		团队名称		团队终评		
成员姓名		所属分工		个人终评		
评价内容		评价标准	配 分	分 值		创业导师建议
创业活动评价（70%）	确定工作室的定价目标	工作室定价目标的确定符合工作室的基本情况	10分			
	估算外包服务产品的成本	按实际情况估算工作室的成本，固定成本与变动成本估算正确	20分			
	分析竞争者产品的价格	竞争者产品价格数据来源可靠，分析的竞争者产品价格具有参考意义	20分			
	确定定价方法	定价方法合适可行，价格计算的过程合理	10分			
	调整价格策略	选用的价格调整策略合适可行	10分			
创业素质评价（30%）	人际交往能力	尊重他人意见，不争辩，勇于承认错误，友善待人，善于倾听	6分			
	强烈的市场意识	有眼光，对市场供求信息反应迅速，大胆策划，周密计划	6分			
	规避风险能力	风险意识强，能规避风险，及时应对	6分			
	学习能力	学习能力强，有创新精神	6分			
	管理能力	拥有管理能力，即管理团队、管理项目的能力	6分			
		总分	100分			
活动总体情况	个人终评：85分及以上为优秀，70～＜85分为良好，60～＜70分为及格，60分以下要加油					

项目十二 网络营销

12.1 无站点营销

 **创业案例**

海尔是全球著名的白色家电品牌之一,也是中国最具价值品牌之一。海尔白色家电以其创新品质及客户服务方面的卓越表现享有盛誉,并以此在行业中处于领先地位。在社会化媒体营销风起云涌的今天,海尔再次引领潮流,率先在新浪微博开展了社会化网络营销活动。

在海尔33岁这一年发生了一件大事!海尔通过微博平台成了"新晋网红"。

故事的开头得从一个网友在微博上发文称想要购买一台豆浆机说起。微博话题:关于豆浆机,不知道选哪个?

没想到的是正是这条毫无炒作痕迹的普通微博,却引来了200多个官微在评论区的一片混战,该微博的转发量很快就超过14万,评论次数超过9万,如图12-1所示。

此次互动让众多企业的曝光度大大提升,可以说这是一个典型互联网思维方式的成功网络营销案例。有些企业认为企业在微博的红利期高峰已过,海尔却反其道而为之,不断更新微博,在各大微博红人区"抢"热门评论,"抢"回复,与网友互动,在众多网友感叹的同时也再次在微博上形成了一股热潮:没想到你是这样的海尔!

图 12-1　海尔、九阳微博评论

海尔的成功在于打破传统,发布在微博上的内容去官方化,致力于趣味化、年轻化,不但顺应了时代的潮流,在更接地气的同时,也提升了人们对于企业的美誉度。

通过项目十一的实践,工作室已确定了外包服务产品及其价格,通过积极推广工作室的外包业务,可让中小企业知道工作室的服务产品并定制外包业务。尽管可以通过线下的推广活动进行业务推广,但开展网络营销会产生更好的效果。工作室没有自己的网站,也没有专门的网络营销组织结构,但只要具备上网的基本条件(计算机、调制解调器、拨号上网账号、电话线),就可以开展一些基本的网络营销活动。本节的目标是学习通过无站点的网络营销推广工作室外包业务。

项目十二 网络营销

无站点营销是企业没有建立自己的网站,利用互联网的资源,开展初步的网络营销活动,属于初级的网络营销阶段。本节将介绍无站点营销可采取的方法。

12.1.1 免费发布供求信息

在互联网上,有许多网站为企业发布供求信息提供平台,一般可以免费发布信息,根据企业产品或服务的特性将信息发布在相关类别中,有时这种简单的方式会取得意想不到的效果。下面以采购批发平台阿里巴巴 1688 为例,来说明供求信息的发布。首先,在浏览器地址栏中输入 www.1688.com 打开网站,如图 12-2 所示,最好注册成为会员,这样可以获得更多的服务。

图 12-2 阿里巴巴 1688 首页

第一步:在完成实名认证后才可以发布信息,如果还没有实名认证,请先进行实名认证。实名认证的过程和淘宝实名认证相同。

第二步:填写信息。填写的信息包括联系信息和公司介绍两个部分。联系信息的填写是为了让商业伙伴能及时联系到公司;公司介绍的填写是为了可以很好地展示公司的相关信息。

最重要的是,以后要经常查看登记时所使用的 E-mail,如果有客户反馈信息,要及时回复。另外,应尽可能多地利用这些能够免费发布信息的平台。

12.1.2 直接向潜在客户发送信息

互联网是一个信息的海洋,人们可以根据自己的需求查询所需要的内容。可以利用互联网上的信息寻找潜在客户,然后,有针对性地向潜在客户发送信息,达到宣传的目的。向潜在客户发送信息的方法如下。

方法一:到网上信息平台寻找买方信息。经常到一些商贸信息网和电子公告板上看看,说不定会发现潜在的客户,可以根据需求信息中的联系方法,主动向潜在客户介绍自己的产品或服务。

方法二:利用搜索引擎查询潜在客户。例如,可以搜索工作室周边的中小企业,利用搜索引擎查询这些企业,根据搜索结果对潜在客户进一步进行筛选,逐个访问潜在客户的网站,获取潜在客户的企业规模、地理位置、产品结构、联系信息等相关资料,并通过相应方式与客户取得联系。

12.1.3 博客营销

博客营销是通过博客网站或博客论坛接触博客作者和浏览者,利用博客作者个人的知识、兴趣和生活体验等传播商品信息的营销活动。

博客营销的本质可归纳为:博客营销是以知识信息资源为基础的内容营销模式,通过增加企业信息的网络可见度实现品牌或产品推广。其实质就是以知识信息为载体附带一定量的营销信息,即博客营销是内容营销的形式之一。

简单地说,博客是一种网络日志。博客具有知识性、自主性、共享性等特征,内容通常是公开的,博客可以理解为个人的思想、观点、知识等在互联网上的共享。博客营销是一种基于个人知识资源(包括思想、体验等表现形式)的网络信息传递形式。开展博客营销的基础是通过对知识的传播达到营销信息传递的目的。

知识链接

部分知名博客如下。
① 新浪博客:http://blog.sina.com.cn/。
② 搜狐博客:http://blog.sohu.com/。
③ 博客网:http://www.bokee.com/。
④ 天涯博客:http://blog.tianya.cn/。
⑤ 网易博客:http://blog.163.com/。

公司、企业或者个人利用博客这种网络交互性平台,发布并更新公司、企业或个人的相关概况及信息,密切关注并及时回复平台上用户对于企业或个人的相关疑问以及咨询,通过流量大的博客平台帮助公司、企业或个人零成本获得搜索引擎的较前排位,以达到宣传目的。

对于无站点营销,一般采用第三方博客平台开展博客营销。其步骤如下。

第一步:博客定位。一个博客想要吸引用户,博客名字的主题一定要突出,博客的内容需要具备特色。

第二步：第三方博客平台的注册。博客营销要取得好的效果，需要宣传面广，因此需要在一些知名博客网站同时开设博客。

第三步：博客撰写与更新。博客的更新非常关键，最好每天都更新，才能持续有效地吸引读者阅读你的博客。博客的撰写有多种技巧：①多用口语化的写作手法；②博客内容的排版最好要错落有致；③博客文章结尾应标注"版权归×××工作室所有，欢迎大家转摘，转摘请注明作者和出处"。

第四步：博客推广。博客的推广尤为关键，除了第三步中介绍的提示网友转载的方法外，还有以下几种常用的博客推广方法：①交换链接，这是博客的主要推广方法之一；②关系推广；③SEO 推广，由于 SEO 属于专业性技巧，所以需要进行专门学习，可到 www.sco.net.cn 网址学习。

第五步：博客营销管理。利用博客进行推广的效果如何，需进行博客营销效果的检测。目前各大博客网站提供简单的数据统计功能，用户能够简单地统计到博客的流量。若想要获得更加详细的流量数据，可以使用其他网站提供的专业流量统计分析服务，比如数据分析网站（https://www.cnzz.com/o_index.php，图 12-3）、"我要啦"流量统计网站（https://www.51.la/，图 12-4），可以在这两个网站中的任意一个申请账号，把统计代码插入博客的模板中，然后就可以统计博客的详细流量信息了，包括流量来源、读者通过哪些推广方式进入、读者具体浏览了哪些页面等。

图 12-3　数据分析网站 CNZZ

图 12-4 "我要啦"流量统计网站

12.1.4 整合传统营销

整合营销(integrated marketing)是一种对各种营销工具和手段进行系统化结合,根据环境进行即时性的动态修正,以使交换双方在交互中实现价值增值的营销理念与方法。整合就是把各个独立的营销综合成一个整体,以产生协同效应。这些独立的营销工作包括广告、直接营销、销售促进、人员推销。整合营销是指综合运用网络营销方式和传统营销方式对企业网站进行推广的一种策略。

虽然网络营销与传统营销相比,具有多方面的优越性,但这并不意味着网络营销可以脱离或者完全替代传统营销。事实上,互联网只是人们生活中的一部分内容,而且有部分人并没有上网,即使对于经常上网者来说,也并没有达到只接受互联网信息而忽略其他传统媒体信息的地步。因此,网络营销只是企业营销中的一部分,网络营销只有与传统营销相结合才能有更好的效果。网络营销与传统营销的整合,即利用传统营销的推广手段来推广网上的服务。例如,在报纸、杂志、电视等媒体上做广告,常见的还有路牌广告、车厢广告、宣传册、信函广告等多种形式。通过采用以上推广策略,可以不断地提高企业网站的知名度,进而为在全球范围内开展营销活动创造条件。当然上述的一些营销策略费用较高,工作室可根据自身的财力选择营销策略。

学生确定无站点推广计划,列举推广平台,分析潜在客户,通过表 12-1 进行活动。

表 12-1 无站点推广活动记录

活动步骤	活动记录
免费发布供求信息	在阿里巴巴平台发布的供求信息: 其他发布供求信息的平台:
直接向潜在客户发送信息	发送信息的潜在客户: 获得潜在客户信息的方法: 发送信息的方式: 发送信息的内容:

续表

活动步骤	活动记录
博客营销	博客定位： 注册的第三方博客平台： 博客撰写情况： 采用的博客推广方式： 博客推广效果：
整合传统营销	整合传统营销的手段：

学生选择平台对创业项目进行无站点营销推广,通过表 12-2 所示的无站点推广评价表,对学生无站点推广活动进行评价。

表 12-2 无站点推广评价表

任务名称		团队名称		团队终评	
成员姓名		所属分工		个人终评	
评价内容		评价标准	配 分	分 值	创业导师建议
创业活动评价 （70%）	免费发布供求信息	在不同的平台上发布工作室外包产品的供应信息	20 分		
	直接向潜在客户发送消息	获得有效的潜在客户信息,采取合适的方法发送消息,信息内容真实有效	20 分		
	博客营销	成功开通博客,经常更新博文,撰写的博文具有营销功能,吸引别人对博客进行推广,有一定的流量和关注度	15 分		
	整合传统营销	采用传统营销策略,符合工作室的基本情况及产品特点、市场特点	15 分		
创业素质评价 （30%）	人际交往能力	尊重他人意见,不争辩,勇于承认错误,友善待人,善于倾听	6 分		
	强烈的市场意识	有眼光,对市场供求信息反应迅速,大胆策划,周密计划	6 分		
	规避风险能力	风险意识强,能规避风险,及时应对	6 分		
	学习能力	学习能力强,有创新精神	6 分		
	管理能力	拥有管理能力,即管理团队、管理项目的能力	6 分		
	总分		100 分		
活动总体情况	个人终评:85 分及以上为优秀,70～<85 分为良好,60～<70 分为及格,60 分以下要加油				

12.2 搭建工作室网站

创业案例

阿里巴巴集团经营多项业务,另外也从关联公司的业务和服务中得到了经营商业生态系统的支援。其业务和关联公司的业务包括淘宝网、天猫、聚划算、全球速卖通、阿里巴巴国际交易市场、1688、阿里妈妈、阿里云、蚂蚁金服、菜鸟网络等。阿里巴巴作为国内最大、最活跃的网上B2B交易市场,其成功源于核心业务的准确定位,也源于其精心设计的网站和营销策略。阿里巴巴网站的特色鲜明,突出表现在以下几方面。

1. 主题明确,重点突出

阿里巴巴的网站设计风格是简约、明确、主题突出。阿里巴巴的网站虽然信息量很大,但其页面处理得很好,信息安排有序,不会给人一种凌乱的感觉。其首页(图12-5)整齐、有条理、有层次感。此外,阿里巴巴还通过各种方式来体现内容的丰富,如滚动的信息窗口、信息搜索栏目等。

图12-5 阿里巴巴网站首页

2. 功能完善,操作简单

阿里巴巴的定位是为中小企业服务,目前,中小企业对计算机的操作不是很熟练,制约了企业上网的进程和广度。阿里巴巴针对这些情况,一方面开发了操作简单的若干功能,让用户轻松掌握操作方法;另一方面尽量采用先进的网络技术,以满足企业上网宣传和推广的需要。同时,其还利用论坛的形式,让会员在论坛里了解网站,吸引和留住会员,以充分调动会员参与的积极性。

当然,网站是虚拟的,要取得成功还需要线上和线下的宣传与推广。在线下,阿里巴巴举办各种展销会、采购会;对论坛的会员,阿里巴巴经常组织线下交流会并举办培训会。在线上,阿里巴巴通过关键字竞价使自己的产品位居行业搜索结果的前列,建立了诚信通评价体系,以提供贴心的服务,并创建了优秀的论坛模式。这种多样性的营销策略也是其成功的重要原因。

任务概述

无站点的网络营销能起到一定的推广作用,但企业网站建设与网络营销方法和效果有着更为直接的关系,没有专业化的企业网站作为基础,网络营销的方法和效果将受到很大的限制。如果工作室具备一定的财力和物力,可以建立一个网站,在网上搭建自己的门户作为开展网络营销的一个大本营。本节的目标是为工作室建设一个基于网络营销的网站。

任务活动

网站建设是电子商务实施过程中重要的一环,要建立电子商务网站,一般可按以下的活动内容进行。

12.2.1 确定网站建设目标

在建设网站时,首先需要确定网站建设目标。在开展电子商务的过程中,需要投入很多的财力、物力和人力,要将工作室定制的外包业务整合到网站中,必须要根据自己的产品业务特点明确网站建设的目标,否则这些投放不仅得不到回报,还会错失网络发展的空间。一般情况下,企业建立电子商务网站有3个目的:市场营销、技术支持和产品销售。网站目标规划对网站的建设与设计至关重要,它决定着建设什么样的网站,如何建设网站,怎样确定网站的规模及主体内容等。以往在制作网站的时候非常重视排名,随着网络的发展,光有排名是远远不够的,网站具有高流量能够提升网站的权重,因此,对网站制作来说,企业在建设网站时应重点考虑如何打造高流量网站。

企业在考虑建立电子商务网站时,要努力达到以下目标。
① 代表企业的整体形象。
② 提供对企业信息的方便访问。
③ 允许访问者根据对信息的诉求程度以不同的方式进行访问。
④ 为访问者提供与企业之间有效的、双向的交互式沟通。
⑤ 抓住访问者的注意力并鼓励回头客,为想了解企业产品和服务的客户提供方便的访问手段。

12.2.2 注册域名

域名是互联网上的一个企业或机构的名字,是企业的网络商标。由于它具有全球唯一性,因此它的价值要高于传统企业的名字或商标。从技术上来讲,域名是互联网中用于解决地址对应问题的一种方法。一个企业只有通过注册域名,才能在互联网里确定自己的一席之地。

企业要注册域名,就要与负责注册的管理机构联系,国内 CN 域名注册由中国互联网络信息中心(CNNIC)授权其代理进行。注册的步骤如下。

第一步:构造、选择企业要注册的域名,查询并确认要注册的域名是否被别人注册。在中国互联网络信息中心授权代理的任何一个注册管理机构网站上都可以查询,只要按提示输入要注册的域名,提交后检索结果会自动反馈,如万维网(www.net.cn)的域名查询页面如图 12-6 所示。

图 12-6 万维网域名查询页面

第二步:待注册管理机构初步审核后,提交营业执照复印件等材料。

第三步:等收到注册管理机构回复的电子邮件后,即可通过邮政汇款、网上银行等方式交纳域名注册的费用。

上述操作完成后,注册管理机构便会给申请域名的工作室颁发"域名注册证",域名注册成功。

12.2.3 架设站点

建设一个企业网站有多种不同的方案,不同的方案所需要的成本相差很多,能提供的服务也不相同,当前主要有构造自有服务器、主机托管和虚拟主机 3 种方案可供选择,具体见表 12-3。

表 12-3　建设企业网站的 3 种方案

3 种方案	方法简介	特　点
构造自有服务器	在性能比较高的计算机上安装并定制专用软件,建立一条直接的互联网链接	企业自己管理整个电子商务网站,放置自己想放的软件,随时对服务器进行各种操作,但投资费用较高
主机托管	将购置的网络服务器放置在互联网数据中心的机房即可,可以自己维护,也可以请他人进行远程维护	无须对通信线路网络环境机房进行投资,无须 24 小时网络维护,投资有限、周期短,适合有基础技术,但资金有限的企业
虚拟主机	使用特殊软硬件技术把一台计算机分成一台台虚拟机,每一台虚拟机都具有一个独立的 IP	虚拟机可完全独立建站,比较容易甚至可提供网页模板,节省租用专线的费用,在服务上提供维护和技术支持

12.2.4　设计网站

网站设计一般应包括以下几个部分。

① 主页的设计。主页是企业网站的门面。主页一般包括企业名称、标志、站点内容的简单导航、重要新闻以及公司联系方式等。

② 产品页面的设计。产品页面一般采用信息分层、逐层细化的方法来展示企业提供的产品或服务。工作室在进行产品页面设计时,可根据之前定制的不同服务产品,按产品线、产品项目进行归类与分层设计。

③ 客户支持页面的设计。网站的最佳用途是与客户进行沟通并为客户提供支持。在设计客户支持页面时,工作室可站在客户的角度进行设想,尽量向客户提供有用的信息,使他们对工作室的服务产品产生亲切感。

④ 企业信息页面的设计。可将工作室的基本情况作为页面的主要内容,提高工作室的透明度,让访问者了解工作室。

⑤ 其他内容。除了上述基本内容外,还可以根据网站自身的特点增加其他内容,如聊天室、论坛、售后等。

学生针对创业项目进行网站建设,完成表 12-4 的填写。

表 12-4　网站建设活动记录表

活动步骤	活动记录
确定网站建设目标	网站建设目标分析:
注册域名	拟定的域名: 域名的查询与注册机构: 域名的注册过程:
架设站点	选用建站的方法: 选用此方法的原因: 该方式的费用核算:

续 表

活动步骤	活动记录
设计网站	主页的设计： 产品页面的设计： 客户支持页面的设计： 企业信息页面的设计： 其他内容：

学生针对创业项目完成对应网站建设活动，通过表12-5所示的网站建设评价表，对学生网站建设活动进行评价。

表12-5 网站建设评价表

任务名称		团队名称		团队终评	
成员姓名		所属分工		个人终评	
评价内容		评价标准	配 分	分 值	创业导师建议
创业活动评价 （70%）	网站建设的目标	网站建设的目标与工作室业务特点相一致，与工作室的总体目标相统一	10分		
	注册域名	成功注册域名	10分		
	架设站点	方法选用合理，符合资源条件	10分		
	设计网站	网站组成部分基本完整，内容丰富且基本合理，美工精致且导航方便	40分		
创业素质评价 （30%）	人际交往能力	尊重他人意见，不争辩，勇于承认错误，友善待人，善于倾听	6分		
	强烈的市场意识	有眼光，对市场供求信息反应迅速，大胆策划，周密计划	6分		
	规避风险能力	风险意识强，能规避风险，及时应对	6分		
	学习能力	学习能力强，有创新精神	6分		
	管理能力	拥有管理能力，即管理团队、管理项目的能力	6分		
		总分	100分		
活动总体情况		个人终评：85分及以上为优秀，70～<85分为良好，60～<70分为及格，60分以下要加油			

12.3 基于站点的推广

创业案例

东莞诺威尔焊接科技公司(以下简称"诺威尔")的总经理张先生接受采访时对记者说:"2008年,全世界的经济都受到金融危机的冲击,欧美发达国家的市场萎缩,国内企业的订单也减少,以加工贸易为主的珠三角地区受到的影响尤其严重。在东莞很多企业都关门倒闭了。但我们公司的业务在经济危机中却以300%的速度增长,我们不得不说,这和百度有很大的关系。"诺威尔是德国诺威尔重型机器制造集团在中国开设的子公司,诺威尔生产的重型焊接设备和数控切割设备在全球享有盛誉。尽管拥有一流的技术和优秀的品质,但诺威尔在成立后的几年里销售业绩并不理想,主要原因是诺威尔公司的产品定位高端,价格也比国内同行业的产品高出很多。

张总经理告诉记者:"我们做一台产品的价格可以找国内其他企业做七八台。俗话说,一分钱,一分货。在诺威尔公司较高的产品价格背后,是绝对可靠的质量和良好的售后服务。但遗憾的是,国内的很多企业并不接受这种高价格、高品质的理念,他们更关注的是产品的成本。""在这种环境下,在中国市场我们根本竞争不过国内企业。我们在中国市场上能接的业务就是中国东方电气集团有限公司、西安飞机国际航空制造股份有限公司这些大公司技术难度高的大工程。"张总经理说。"我们接到越来越多产品询问电话,而这些打来电话的客户几乎都是通过百度营销平台找到我们的,有一段时间,我们在百度的服务因为一些问题暂停了2个月,停了以后,公司几乎3天都接不到一个电话,这连我们自己都很意外。"张总经理说。

据介绍,这些咨询电话最终促成生意成交的成功率非常高。2008年,除了ABB和日立两家公司因金融危机订单被取消,最终没有做成业务之外,其余的咨询电话基本上达到了100%的成功率。这些咨询电话很多都是国外的客户打来的,有英国的,有意大利的。最成功的一笔订单,合同总金额甚至达到了3 000万元。据了解,2007年以后,诺威尔的业务以每年300%的速度在增长。借助于百度推广的力量,诺威尔的影响力越来越大,他们自身的比较优势也更加明显。

张总经理介绍:"有很多企业需要特别定制一些非标准化的产品,这样的产品其他焊接企业基本上不能做,因为设计能力是他们的短板,但我们公司就有很强的设计优势。"百度带来了销售线索和潜在客户,但生意能否成交,还在于企业的技术实力。张总经理介绍:"通常在客户提出定制化要求后的一周,我们就能拿出详细的方案。这样客户会越来越信任我们,积累的客户越来越多,而且客户的忠诚度也很高,公司销售形成了一个良性循环的可喜局面。"

通过百度竞价,诺威尔不仅大大地提高了市场份额,也更深刻地理解了当前国内的市场环境。张总经理告诉记者,公司下一步将针对国内企业关注成本的诉求,再开发一个新系列的产品,这一系列产品的价格将更贴近国内企业的需求,并扩大产品在国内市场上的影响力。"我们还将大幅增加对百度营销平台的预算投放,以配合新系列的产品在国内市场的投放。"张总经理说。

经过艰辛的建站工作,工作室有了属于自己的电子商务外包服务网。在互联网中,类似的网站数不胜数,如何能够让客户知道工作室网站的存在并访问工作室网站,从而达到通过网站来宣传工作室的形象,促进外包业务或服务产品的销售的目的?大力宣传推广成为必不可少的手段。本节的目标是实践基于工作室站点的推广活动。

选择合适的网络推广方式对工作室网站进行推广活动。

12.3.1 搜索引擎推广

搜索引擎推广是通过搜索引擎优化、搜索引擎排名以及研究关键词的流行程度和相关性在搜索引擎的结果页面取得较高的排名的营销手段。搜索引擎推广总结如下。

(1) 选取最优的搜索引擎

国内外的搜索引擎非常多,但主要的、影响力较大的有国外(英文)的 Google、Yahoo、Excite、AOL 等和国内(中文)的百度、360、搜狗等。

(2) 选取恰当的关键词

网上的查找像图书文献的查找一样,需要确定恰当的关键词。只有选取了恰当的关键词,才能让查找者方便地找到所需的内容。

在关键词的选取上,应该从产品名称、特点,学术界的标准,访问者的习惯等几方面考虑。

(3) 确保排名靠前

当信息查找者在搜索引擎上使用关键词查找信息时,查找结果是一个相关企业网站的列表,这个列表包括全部已经登记了的相关公司网站。一般来说这个列表的网站数目有几百个,甚至几万个。据调查,几乎所有的查找者都只看排在前十或前二十位的企业网站,而且这些排在前面的网站占了 90% 以上的访问量。

可以说,在用与产品相关的关键词在搜索引擎上搜索时,企业的网站是否排在众多的竞争者的前列,是搜索引擎推广成功与否的直接标准。正因如此,搜索引擎的排名之争成了公司网络营销的焦点,谁都想排在前面,抢占商机。

12.3.2 网络广告推广

网络广告就是广告主借助于网络平台开展的广告,其表现形式主要是通过网站上的广告横幅、文本链接、多媒体等,在互联网上刊登或发布广告,并通过网络将其传递给互联网用户。

网络广告推广的方式如下。

① 工作室可在访问量大的网站上投放广告,将用户引导到自己的网站上,这是一个行之有效的推广办法,在线广告的费用在不同的网站存在着较大的差别。

② 交换广告是一种互惠互利的常用网站推广手段。从形式来看,交换的广告可以是横幅广告或按钮广告。具体的操作方式通常是加入专业的广告交换网,从而与其他成员交换广告,比如亿起发广告联盟平台(https://www.yiqifa.com/)、LinkExchange,类似的广告交换网还有很多。一般来说,免费广告交换网要求在工作室的网站首页放置一定规格限制的 Banner 广告,而不是放置在网站的内部。

③ 工作室也可以通过学习 PhotoShop、Flash 等制作自己的外包服务产品广告,并将其投放在自己的网站中。如由全国最大网货供应商之一的汇奇思百货及多名资深电子商务人士投资组建而成的淘达网络科技有限公司,就在自己的网站首页上通过广告宣传自己的产品。

12.3.3 交换链接

交换链接也称为友情链接、互惠链接、互换链接等,是具有一定互补优势的网站之间的简单合作形式,即分别在自己的网站上放置对方网站的 Logo 或网站名称并设置对方网站的超级链接,使得用户可以从合作网站中发现自己的网站,达到互相推广的目的。

交换链接是一种增加网站曝光机会从而提高访问量的有效方式,并且交换链接数量的多少也是搜索引擎决定网站排名的一项重要参数。因此,交换链接被认为是网络营销的一项重要手段,也是评价网络营销效果的一项标准。

实现交换链接的方法是寻找与自己的网站具有互补性、相关性或者存在潜在客户的站点,并向它们提出与你的站点进行交换链接的要求。与此同时,在自己的网站上也为合作伙伴的站点设立链接点。通常有图片链接及文本链接两种形式,由于文本链接占用字节少且不影响网页整体效果,因此其被广泛采用。

在选择链接对象时应该有一定的标准,因为建立友情链接不仅是为了增加访问量,还应对网站内容起补充的作用,以便更好地服务用户。如果链接了大量低水平的网站,会降低访问者对网站的信任,甚至使企业失去潜在顾客。

学生针对已建设的工作室站点进行网络推广活动,并完成表 12-6 的填写。

表 12-6　网络推广活动记录表

活动步骤	活动记录
搜索引擎推广	选择的搜索引擎： 选择加注的类目： 申请搜索引擎的加注在线信息： 搜索引擎加注的结果： 网站搜索引擎的排名情况： 采取提高搜索引擎排名的措施：
网络广告推广	网络广告的设计意图： 投放广告的网站： Banner 广告交换的平台： 自制广告的软件： 网络广告的发布页截图：
交换链接	与自己交换链接的网站：

针对学生完成的工作室站点的网络推广活动，通过表 12-7 所示的网络推广活动评价表，完成对学生网络推广活动的评价。

表 12-7　网络推广活动评价表

任务名称		团队名称		团队终评		
成员姓名		所属分工		个人终评		
评价内容		评价标准	配　分	分　值		创业导师建议
创业活动评价 （70%）	搜索引擎推广	完成搜索引擎的加注，采取措施提高搜索引擎的排名	10 分			
	网络广告推广	采取适合工作室的广告投放方式，能制作简单的 banner 广告，并在工作室网站首页投放	20 分			
	交换链接	与合适的网站交换链接	20 分			
	整理并分析调查结果	对获得的数据去伪存真，有效地分析并归类中小企业的电商外包服务需求	20 分			

续表

评价内容		评价标准	配 分	分 值	创业导师建议
创业素质评价（30%）	人际交往能力	尊重他人意见,不争辩,勇于承认错误,友善待人,善于倾听	6分		
	强烈的市场意识	有眼光,对市场供求信息反应迅速,大胆策划,周密计划	6分		
	规避风险能力	风险意识强,能规避风险,及时应对	6分		
	学习能力	学习能力强,有创新精神	6分		
	管理能力	拥有管理能力,即管理团队、管理项目的能力	6分		
活动总体情况	总分		100分		
	个人终评:85分及以上为优秀,70～＜85分为良好,60～＜70分为及格,60分以下要加油